Stilkes Rechtsbibliothek Nr. 141

Die Gesetze des Deutschen Reichs und der deutschen Länder

Wehrrecht

Wehrgesetz

vom 21. Mai 1935

mit

einem Vorwort, amtlicher Begründung und einschlägigen Nebenbestimmungen

sowie

Sonderlaufbahnen im Heer und für den Offizier d. B.

Textausgabe mit einzelnen Anmerkungen und Hinweisen

von

Paul Semler

Geheimer Kriegsrat, Abteilungschef im Reichskriegsministerium

und

Dr. jur. Otto Senftleben

Oberregierungsrat im Reichskriegsministerium
Mitglied des Ausschusses für Wehrrecht der
Akademie für deutsches Recht.

1935

Verlag von Georg Stilke in Berlin

Gedruckt bei Martin & Jonske, Berlin SW 68

Inhaltsverzeichnis

Abkürzungen:

BBG	=	Gesetz zur Wiederherstellung des Berufsbeamtentums
BO	=	Beschwerdeordnung für die Angehörigen der Wehrmacht
d. B.	=	des Beurlaubtenstandes
HDv	=	Heeresdruckvorschrift
HDStO	=	Heeresdisziplinarstrafordnung
HVBl	=	Heeresverordnungsblatt
MDv	=	Marinedruckvorschrift
MDStO	=	Marinedisziplinarstrafordnung
MStGO	=	Militärstrafgerichtsordnung
MStGB	=	Militärstrafgesetzbuch
MVBl	=	Marineverordnungsblatt
RGBl	=	Reichsgesetzblatt
RStGB	=	Reichsstrafgesetzbuch
V. V.	=	Versailler Vertrag
WG	=	Wehrgesetz v. 21. 5. 35

Vorwort

Der 16. März 1935 ist ein Markstein deutscher Geschichte.

An diesem Tage zerbrach der Führer und Reichskanzler durch eine mutige, befreiende Tat die Fesseln, die durch das Friedensdiktat von Versailles der Wehrhoheit des Deutschen Reichs auferlegt waren und gab dem deutschen Volke Ehre und Freiheit wieder. Am Abend dieses Tages verkündete Reichsminister Dr. Goebbels durch den Rundfunk die Proklamation der Reichsregierung an das deutsche Volk und das Gesetz für den Aufbau der Wehrmacht.

Das Gesetz bestimmt, daß der Dienst in der Wehrmacht auf der Grundlage der allgemeinen Wehrpflicht erfolgt, setzt die Stärke des deutschen Friedensheeres auf 12 Korpskommandos und 36 Divisionen fest und beauftragt den Reichswehrminister[1]) mit der Vorlage des neuen Wehrgesetzes.

Das Gesetz für den Aufbau der Wehrmacht hat eine außerstaatliche völkerrechtliche und eine innerstaatliche deutsche Rechtswirkung.

a) **Außerstaatliche Bedeutung.**

Die außerstaatliche Rechtswirkung besteht in der Befreiung Deutschlands von den diskriminierenden militärischen Beschränkungen des Versailler Vertrags.

Nach dem Wortlaut des Gesetzes sind scheinbar nur die Art. 160 und 173 V. V. berührt. Es begründet nur, entgegen der Bestimmung des Art. 173 V. V., die all-

[1]) Jetzt Reichs k r i e g s minister (§ 3 (2) WG.)

gemeine Wehrpflicht und setzt die Stärke des Heeres über die nach Art. 160 V. V. zugelassene hinaus fest. Es kann aber keinem Zweifel unterliegen, daß Deutschland seine volle Selbständigkeit auf dem Gebiete der Wehrgesetzgebung wiedererlangt hat. Das ergibt sich einwandfrei aus der Proklamation der Reichsregierung an das deutsche Volk, die eine zuverlässige Auslegungsquelle für das Wehrmachtaufbaugesetz darstellt. Auch hat der Führer und Reichskanzler in seiner großen historischen Rede vom 21. Mai 1935 die deutsche Luft- und Seerüstung der Verteidigungsnotwendigkeit des Deutschen Reichs entsprechend fest umgrenzt.

Grundsätzlich gilt, wie im Privatrecht, auch im Völkerrecht der Satz: Pacta sunt servanda. Keine Partei darf sich von den Verpflichtungen eines Vertrages durch einseitige Erklärungen lossagen. Die im Völkerbund vereinigten früheren Feindmächte haben die Proklamation der Reichsregierung und den Erlaß des Gesetzes vom 16. März 1935 als eine einseitige Lossage Deutschlands von den ihm völkerrechtlich auferlegten Rüstungsbeschränkungen bezeichnet und den Beschluß des Völkerbundsrats vom 16. April 1935 herbeigeführt. Die Deutsche Regierung hat gegen diesen Versuch, Deutschland in eine neue Schuldlüge zu verstricken und es vor aller Welt als vertragsbrüchig erneut zu diffamieren, mit Recht protestiert. Schon in ihrer Proklamation vom 16. März 1935 hat sie überzeugend dargelegt, daß eine einseitige Loslösung von den Verpflichtungen des Versailler Vertrags nicht durch Deutschland, sondern von Seiten der hohen Vertragschließenden der ehemaligen Siegerstaaten erfolgt war.

Die Präambel zum Teil V des Versailler Vertrags lautet:

„Um die Einleitung einer allgemeinen Rüstungsbeschränkung aller Nationen zu ermöglichen, verpflichtet sich Deutschland, die im Folgenden niedergelegten Bestimmungen über das Landheer, die Seemacht und die Luftfahrt genau einzuhalten."

Kein Drehen und Deuteln und keine noch so spitzfindigen Advokatenkniffe können gegenüber dem klaren Wortlaut der Präambel an der Verpflichtung der Feindmächte, auch ihrerseits zur Abrüstung zu schreiten, nachdem Deutschland vorgeleistet hatte, etwas ändern. Sie ist ein integrierender Bestandteil des Teils V V. V., der in Durchführung der 14 Punkte Wilsons, auf die hin das deutsche Heer die Waffen niedergelegt hatte, eingefügt wurde. In den 14 Punkten Wilsons war die nationale Rüstungsverminderung vorgesehen.[1]) Damit war die beiderseitige Verpflichtung zur Abrüstung als eine grundlegende Friedensbedingung angenommen worden. Das ergibt sich auch daraus, daß die Präambel u n t e r die Überschrift des Teils V V. V. „Bestimmungen über Landheer, Seemacht und Luftfahrt" gesetzt ist, was kennzeichnet, daß alle Bestimmungen, die unter dieser Überschrift stehen, für beide Vertragsteile verpflichtend sind. Aus Furcht vor der deutschen Wehrmacht, die sich einer Welt von Feinden gegenüber in vierjährigem Ringen siegreich behauptet hatte, bis es gelungen war, ihren Widerstand, der durch Waffen nicht zu brechen war, auf andere Weise zu überwinden, wurde Deutschland eine Vorleistungspflicht in der Abrüstung auferlegt. Deutschland sollte zunächst abrüsten, um dadurch die Einleitung einer allgemeinen Rüstungsbeschränkung zu ermöglichen. Damit war Deutschland das Recht zuerkannt, nach Erfüllung dieser Vorleistungspflicht von den Vertragspartnern die Nachfolge in der Rüstungsbeschränkung zu verlangen, und

---

[1]) Punkt 4 von Wilsons vierzehn Punkten besagte: „Austausch angemessener Bürgschaften dafür, daß die Rüstungen der Völker auf das niedrigste, mit der inneren Sicherheit zu vereinbarende Maß herabgesetzt werden."

die Gegenseite war verpflichtet, diesem Verlangen nachzukommen.

Nachdem die Interalliierte Kontrollkommission auf Grund einer Erklärung des Marschalls Foch anerkannt hatte, daß Deutschland seiner Abrüstungsverpflichtung nachgekommen war, hat Deutschland wiederholt und eindringlichst, aber vergeblich sein Recht auf Nachfolge der Vertragsgegner in der Abrüstung angemeldet. Es setzte sie dadurch in Verzug. Sie verweigerten nicht nur die Erfüllung und verletzten dadurch schuldhaft den Vertrag, sondern schritten in einem für Deutschland bedrohlichen Maße zu neuen ungeheuren Aufrüstungen.

Im Privatrecht kann auf Erfüllung eines Vertrages geklagt werden. Im Völkerrecht ist der Verletzte normalerweise auf Selbsthilfe angewiesen. Ihre mildeste Form ist bei Vertragsverletzungen der eigene Rücktritt vom Vertrage.

Die Proklamation der Reichsregierung stellt eine mit den Normen des Völkerrechts im Einklang stehende Rücktrittserklärung von Vertragsverpflichtungen dar.

Von einer einseitigen Loslösung vom Vertrage, etwa wie Rußland sie im Jahre 1870 durch die einseitige Lossage von der Verpflichtung, die Neutralität im Schwarzen Meere zu achten, vollzogen hat, kann bei der Proklamation der Reichsregierung keine Rede sein.

Dem Deutschen Reich steht aber noch ein weiterer völkerrechtlich anerkannter Rechtsgrund zur Seite: das staatliche Notwehrrecht.

Jeder Staat hat ein Recht auf Selbsterhaltung. Dieses Recht Deutschlands war durch die ungeheuren Rüstungen insbesondere Frankreichs und Rußlands und ein Bündnissystem hochgerüsteter Staaten, das seine Spitze gegen Deutschland richtete und einen Ring um das wehrlose Deutschland schmiedete, in unerträglicher Weise bedroht.

Es hätte sich jedem Willen, jeder Willkür selbst kleinster Staaten und jeder sog. Sanktion beugen müssen, es wäre zu einem Staat minderen Rechts und minderen Ranges herabgesunken, wenn es dieser Bedrohung seiner Sicherheit gegenüber im Zustande der Wehrlosigkeit verharrt wäre. Es befand sich somit in einem Zustand der Gefährdung seiner höchsten staatlichen Lebensgüter: seiner Freiheit und Integrität, der es zu einer Notwehrhandlung berechtigte, die diesem bedrohlichen Zustande ein Ende bereitete.

Die Proklamation der Reichsregierung stellt somit auch einen nach völkerrechtlichen Grundsätzen anerkannten Notwehrakt dar.

Von diesem Notwehrrecht durfte die Reichsregierung in einem Augenblick Gebrauch machen, wo das hochgerüstete Frankreich zur Einführung der zweijährigen Dienstzeit schritt und Rußland ein Friedensheer von 960 000 Mann aufgestellt hatte, über 10 000 Tanks und 12 300 Flugzeuge verfügte und beide Staaten sich zu einer Neuauflage ihres Vorkriegsbündnisses anschickten, das Rußland im Jahre 1914 zu seiner herausfordernden Haltung Deutschland gegenüber ermutigte und damit zur Entfesselung des Weltkriegs.

Ein starkes Deutschland ist der beste Garant für den Frieden.

b) Innerstaatliche Bedeutung.

Mit der Verkündung des Gesetzes für den Aufbau der Wehrmacht traten von selbst alle Bestimmungen wieder in Kraft, die durch die Abschaffung der allgemeinen Wehrpflicht gegenstandslos geworden waren, ohne ausdrücklich für aufgehoben erklärt zu sein. Hierher gehört in erster Linie Art. 133 Abs. 2 Satz 1 der Reichsverfassung: „Die Wehrpflicht richtet sich nach den Bestimmungen des Reichswehrgesetzes". Die Wehrpflicht des Kaiserreichs beruhte auf dem Gesetz betreffend die Verpflichtung zum Kriegsdienst vom 9. 11. 1867. Sie mußte als staatsbürgerliche Pflicht nach dem Diktat von Versailles abgeschafft werden. Dies geschah durch das Gesetz vom 21. 8. 1920 (RGBl. I S. 1608). Danach gab es nur noch eine freiwillig übernommene Dienstpflicht. Seit dem Erlaß des Gesetzes für den Aufbau der Wehrmacht ist die allgemeine Wehrpflicht in Deutschland wieder eingeführt. Das alte Wehrgesetz der Kaiserzeit konnte aber nicht wieder aufleben, da es durch § 48 des Wehrgesetzes vom 23. 3. 1921 Ziffer 1 ausdrücklich außer Kraft gesetzt worden war und § 3 des Wehrmachtaufbaugesetzes die Neuregelung der Wehrverfassung vorschreibt.

Das Wehrgesetz von 1867 würde auch neuzeitlichen Auffassungen nicht mehr entsprechen. Es ließ Privilegien und Ausnahmen in der Erfüllung der allgemeinen Wehrpflicht zu. Der Aufbau der Wehrmacht kann heute nur auf der Grundlage der allgemeinen und g l e i c h e n Wehrpflicht für alle Volksgenossen ohne Unterschied erfolgen; denn zur Verteidigung des Vaterlandes ist nach nationalsozialistischer Auffassung jeder deutsche Volksgenosse ohne Unterschied und ohne Ausnahme berufen.

Durch § 38 des neuen Wehrgesetzes ist mit seinem Inkrafttreten das Wehrgesetz vom 23. 3. 1921 aufgehoben. Bis dahin galt es unvermindert fort bis auf die Bestimmung des Art. 1 Abs. 3, der die Abschaffung der allgemeinen Wehrpflicht im Reiche aussprach. Diese Vorschrift und auch die Bestimmung des Art. 1 Abs. 1 Satz 2, wonach das Reichsheer und die Reichsmarine aus freiwilligen Soldaten zu bilden war, wurde ipso jure ungültig.

A u f s t r a f r e c h t l i c h e m G e b i e t sind durch das Gesetz für den Aufbau der Wehrmacht vom 16. 3. 1935 einige Bestimmungen des Reichsstrafgesetzbuchs wieder aufgelebt, die niemals aufgehoben, sondern durch die

Beseitigung der allgemeinen Wehrpflicht gegenstandslos geworden waren. Dahin gehört § 140 (Verletzung der Wehrpflicht), § 142 (Selbstverstümmelung) und § 143 (Entziehung von der Wehrpflicht). Die strafrechtlichen Bestimmungen werden in dem neuen nationalsozialistischen Reichsstrafgesetzbuch eine umgestaltende Neuregelung erfahren.

Das neue Wehrgesetz gliedert sich in fünf Abschnitte:

I. Allgemeines,
II. Die Wehrpflicht,
III. Pflichten und Rechte der Angehörigen der Wehrmacht,
IV. Übergangsvorschrift,
V. Schlußvorschriften.

Abschnitt I begründet im § 1 die allgemeine, gleiche Wehrpflicht für jeden deutschen Mann und darüber hinaus im Kriege eine vaterländische Dienstleistungspflicht für jeden deutschen Mann und jede deutsche Frau. § 2 bringt die Bestimmungen über die Gliederung der Wehrmacht in Heer, Kriegsmarine und Luftwaffe. § 3 regelt Befehlsverhältnisse. Oberster Befehlshaber der Wehrmacht ist der Führer und Reichskanzler. Unter ihm übt der Reichskriegsminister als Oberbefehlshaber der Wehrmacht die Befehlsgewalt über die Wehrmacht aus. Nach dem Gesetz über Änderung des Reichsministergesetzes vom 21. Mai 1935 können jetzt auch aktive Soldaten Reichsminister werden.

Abschnitt II bildet den Kern des Gesetzes. Er enthält in den §§ 4 bis 20 Bestimmungen über die Wehrpflicht im Frieden und im Kriege. Es gibt keine Unterschiede mehr, die sich aus besonderen Privilegien herleiten könnten. Der Wehrdienst ist Ehrendienst, der allen Volksgenossen gleichmäßig zukommt. Ausnahmen werden nur durch körperliche Untauglichkeit begründet. Reinrassige Juden dürfen keinen Wehrdienst leisten. Im Kriege kommen sie für die Verwendung in Arbeitsformationen in Betracht. Zum Wehrdienst zugelassene Nichtarier oder mit nichtarischen Frauen Verheiratete gelangen grundsätzlich nicht in Vorgesetztenstellungen. Auch alle Nichtarier unterliegen der militärischen Meldepflicht und der Wehrüberwachung.

Abschnitt III legt zunächst im § 21 Begriffsbestimmungen fest und behandelt dann weiter in den §§ 22 bis 35 die Pflichten und Rechte der Angehörigen der Wehrmacht.

Abschnitt IV bringt im § 36 eine Übergangsvorschrift, die sich aus dem Wechsel der Wehrverfassung ergibt. Er regelt die Dienstzeitverhältnisse der Soldaten, die nach dem Wehrgesetz vom 23. 3. 1921 auf 12 Jahre verpflichtet worden sind und ihre Unterstellung unter die Vorschriften des neuen Wehrgesetzes.

Abschnitt V enthält in den §§ 37 und 38 Schlußvorschriften. Er regelt das militärische Verordnungsrecht und setzt das Wehrgesetz vom 23. 3. 1921 und die dazu ergangenen Änderungsgesetze außer Kraft.

Berlin, den 22. Mai 1935.

Dr. **Senftleben.**

Proklamation der Reichsregierung an das deutsche Volk

vom 16. März 1935

An das deutsche Volk!

Als im November 1918 das deutsche Volk — vertrauend auf die in den 14 Punkten Wilsons gegebenen Zusicherungen — nach viereinhalbjährigem ruhmvollen Widerstand in einem Kriege, dessen Ausbruch es nie gewollt hatte, die Waffen streckte, glaubte es nicht nur der gequälten Menschheit, sondern auch einer großen Idee an sich einen Dienst erwiesen zu haben. Selbst am schwersten leidend unter den Folgen dieses wahnsinnigen Kampfes, griffen die Millionen unseres Volkes gläubig nach dem Gedanken einer Neugestaltung der Völkerbeziehungen, die durch die Abschaffung der Geheimnisse diplomatischer Kabinettspolitik einerseits, sowie der schrecklichen Mittel des Krieges anderseits veredelt werden sollten. Die geschichtlich härtesten Folgen einer Niederlage erschienen vielen Deutschen damit geradezu als notwendige Opfer, um einmal für immer die Welt von ähnlichen Schrecknissen zu erlösen.

Die Idee des Völkerbundes hat vielleicht in keiner Nation eine heißere Zustimmung erweckt als in der von allem irdischen Glück verlassenen deutschen. Nur so war es verständlich, daß die in manchem geradezu sinnlosen Bedingungen der Zerstörung jeder Wehrvoraussetzung und Wehrmöglichkeit im deutschen Volke nicht nur angenommen, sondern von ihm auch erfüllt worden sind. Das deutsche Volk und insonderheit seine damaligen Regierungen waren überzeugt, daß durch die Erfüllung der im Versailler Vertrag vorgeschriebenen Entwaffnungsbestimmungen entsprechend der Verheißung dieses Vertrages der Beginn einer internationalen allgemeinen Abrüstung eingeleitet und garantiert sein würde. Denn nur in einer solchen zweiseitigen Erfüllung dieser gestellten Aufgabe des Vertrages konnte die moralische und vernünftige Berechtigung für eine Forderung liegen, die, einseitig auferlegt und durchgeführt, zu einer ewigen Diskriminierung und damit Minderwertigkeitserklärung einer großen Nation werden mußte. Damit aber könnte ein solcher Friedensvertrag niemals die Voraussetzung für eine wahrhafte innere Aussöhnung der Völker und einer dadurch herbeigeführten Befriedung der Welt, sondern nur für die Aufrichtung eines ewig weiterzehrenden Hasses sein.

Deutschland hat die ihm auferlegten Abrüstungsverpflichtungen nach den Feststellungen der Interalliierten Kontroll-Kommission erfüllt.

Folgendes waren die von dieser Kommission bestätigten Arbeiten der Zerstörung der deutschen Wehrkraft und ihrer Mittel:

A. Heer

59 897	Geschütze und Rohre
130 558	Maschinengewehre
31 470	Minenwerfer und Rohre
6 007 000	Gewehre und Karabiner
243 937	M. G.-Läufe
28 001	Lafetten
4 390	M. W.-Lafetten
38 750 000	Geschosse
16 550 000	Hand- und Gewehrgranaten
60 400 000	scharfe Zünder
491 000 000	Handwaffenmunition
335 000	t Geschoßhülsen
23 515	t Kartusch- und Patronenhülsen
37 600	t Pulver
79 500	Munitionsleeren
212 000	Fernsprecher
1 072	Flammenwerfer
31	Panzerzüge
59	Tanks
1 762	Beob.-Wagen
8 982	Drahtlose Stationen
1 240	Feldbäckereien

2 199 Pontons
981,7 t Ausrüstungsstücke für Soldaten und
8 230 350 Satz Ausrüstungsstücke für Soldaten
7 300 Pistolen und Revolver
180 M. G.-Schlitten
21 Fahrbare Werkstätten
12 Flakgeschützwagen
11 Protzen
64 000 Stahlhelme
174 000 Gasmasken
2 500 Maschinen der ehem. Kriegsindustrie
8 000 Gewehrläufe.

B. Luft

15 714 Jagd- und Bombenflugzeuge
27 757 Flugzeugmotoren.

C. Marine

Zerstörtes, abgewracktes, versenktes oder ausgeliefertes Kriegsschiffmaterial der Marine:

26 Großkampfschiffe
4 Küstenpanzer
4 Panzerkreuzer
19 Kleine Kreuzer
21 Schul- und Spezialschiffe
83 Torpedoboote
315 U-Boote.

Bemerkungen zu A und B

Ferner unterlagen der Zerstörungspflicht: Fahrzeuge aller Art, Gaskampf- und zum Teil Gasschutzmittel, Treib- und Sprengmittel, Scheinwerfer, Visiereinrichtungen, Entfernungs- und Schallmeßgerät, optische Geräte aller Art, Pferdegeschirr, Schmalspurgerät, Felddruckereien, Feldküchen, Werkstätten, Hieb- und Stichwaffen, Stahlhelme, Munitionstransportmaterial, Normal- und Spezialmaschinen der Kriegsindustrie sowie Einspannvorrichtungen, Zeichnungen dazu, Flugzeug- und Luftschiffhallen usw.

Nach dieser geschichtlich beispiellosen Erfüllung eines Vertrages hatte das deutsche Volk ein Anrecht, die Einlösung der eingegangenen Verpflichtungen auch von der anderen Seite zu erwarten.

Denn:

1. Deutschland hatte abgerüstet.

2. Im Friedensvertrag war ausdrücklich gefordert worden, daß Deutschland abgerüstet werden müsse, um damit die Voraussetzung für eine allgemeine Abrüstung zu schaffen, d. h. es war damit behauptet, daß nur in Deutschlands Rüstung allein die Begründung für die Rüstung der anderen Länder läge.

3. Das deutsche Volk war sowohl in seinen Regierungen als auch in seinen Parteien damals von einer Gesinnung erfüllt, die den pazifistisch-demokratischen Idealen des Völkerbundes und seiner Gründer restlos entsprach.

Während aber Deutschland als die eine Seite der Vertragschließenden seine Verpflichtungen erfüllt hatte, unterblieb die Einlösung der Verpflichtung der zweiten Vertragsseite. Das heißt: Die hohen Vertragschließenden der ehemaligen Siegerstaaten haben sich einseitig von den Verpflichtungen des Versailler Vertrages gelöst!

Allein nicht genügend, daß jede Abrüstung in einem irgendwie mit der deutschen Waffenzerstörung vergleichbarem Maße unterblieb, nein: es trat nicht einmal ein Stillstand der Rüstungen ein, ja im Gegenteil, es wurde endlich die Aufrüstung einer ganzen Reihe von Staaten offensichtlich. Was im Kriege an neuen Zerstörungsmaschinen erfunden wurde, erhielt nunmehr im Frieden in methodisch-wissenschaftlicher Arbeit die letzte Vollendung. Auf dem Gebiet der Schaffung mächtiger Landpanzer sowohl als neuer Kampf- und Bombenmaschinen fanden ununterbrochene und schreckliche Verbesserungen statt. Neue Riesengeschütze wurden konstruiert, neue Spreng-, Brand- und Gasbomben entwickelt.

Die Welt aber hallte seitdem wider von Kriegsgeschrei, als ob niemals ein Weltkrieg gewesen und ein Versailler Vertrag geschlossen worden wäre.

Inmitten dieser hochgerüsteten und sich immer mehr der modernsten motorisierten Kräfte bedienenden Kriegsstaaten war Deutschland ein machtmäßig leerer Raum, jeder Drohung und jeder Bedrohung jedes einzelnen wehrlos ausgeliefert. Das deutsche Volk erinnert sich des

Unglücks und Leides von fünfzehn Jahren wirtschaftlicher Verelendung, politischer und moralischer Demütigung.

Es war daher verständlich, wenn Deutschland laut auf die Einlösung des Versprechens auf Abrüstung der anderen Staaten zu drängen begann.

Denn dieses ist klar:

Einen hundertjährigen Frieden würde die Welt nicht nur ertragen, sondern er müßte ihr von unermeßlichem Segen sein. Eine hundertjährige Zerreißung in Sieger und Besiegte aber erträgt sie nicht.

Die Empfindung über die moralische Berechtigung und Notwendigkeit einer internationalen Abrüstung war aber nicht nur in Deutschland, sondern auch innerhalb vieler anderer Völker lebendig. Aus dem Drängen dieser Kräfte entstanden die Versuche, auf dem Wege von Konferenzen eine Rüstungsverminderung und damit eine internationale allgemeine Angleichung auf niederem Niveau in die Wege leiten zu wollen.

So entstanden die ersten Vorschläge internationaler Rüstungsabkommen, von denen wir als bedeutungsvollen den Plan MacDonalds in Erinnerung haben.

Deutschland war bereit, diesen Plan anzunehmen und zur Grundlage von abzuschließenden Vereinbarungen zu machen.

Er scheiterte an der Ablehnung durch andere Staaten und wurde endlich preisgegeben. Da unter solchen Umständen die dem deutschen Volk und Reiche in der Dezember-Erklärung 1932 feierlich zugesicherte Gleichberechtigung keine Verwirklichung fand, sah sich die neue deutsche Reichsregierung als Wahrerin der Ehre und der Lebensrechte des deutschen Volkes außerstande, noch weiterhin an solchen Konferenzen teilzunehmen oder dem Völkerbunde anzugehören.

Allein auch nach dem Verlassen Genfs war die deutsche Regierung dennoch bereit, nicht nur Vorschläge anderer Staaten zu überprüfen, sondern auch eigene praktische Vorschläge zu machen. Sie übernahm dabei die von den anderen Staaten selbst geprägte Auffassung, daß die Schaffung kurzdienender Armeen für die Zwecke des Angriffs ungeeignet und damit für die friedliche Verteidigung anzuempfehlen sei.

Sie war daher bereit, die langdienende Reichswehr nach dem Wunsche der anderen Staaten in eine kurzdienende Armee zu verwandeln. Ihre Vorschläge vom Winter 1933/34 waren praktische und durchführbare. Ihre Ablehnung sowohl als die endgültige Ablehnung der ähnlich gedachten italienischen und englischen Entwürfe ließen aber darauf schließen, daß die Geneigtheit zu einer nachträglichen sinngemäßen Erfüllung der Versailler Abrüstungsbestimmungen auf der anderen Seite der Vertragspartner nicht mehr bestand.

Unter diesen Umständen sah sich die deutsche Regierung veranlaßt, von sich aus jene notwendigen Maßnahmen zu treffen, die eine Beendigung des ebenso unwürdigen wie letzten Endes bedrohlichen Zustandes der ohnmächtigen Wehrlosigkeit eines großen Volkes und Reiches gewährleisten konnten.

Sie ging dabei von denselben Erwägungen aus, denen Minister Baldwin in seiner letzten Rede so wahren Ausdruck verlieh:

> „Ein Land, das nicht gewillt ist, die notwendigen Vorsichtsmaßnahmen zu seiner eigenen Verteidigung zu ergreifen, wird niemals Macht in dieser Welt haben, weder moralische noch materielle Macht“.

Die Regierung des heutigen Deutschen Reiches aber wünscht nur eine einzige moralische und materielle Macht; es ist die Macht, für das Reich und damit wohl auch für ganz Europa den Frieden wahren zu können!

Sie hat daher auch weiterhin getan, was in ihren Kräften stand und zur Förderung des Friedens dienen konnte:

1. Sie hat all ihren Nachbarstaaten schon vor langer Frist den Abschluß von Nichtangriffspakten angetragen.
2. Sie hat mit ihrem östlichen Nachbarstaat eine vertragliche Regelung gesucht und gefunden, die Dank des großen entgegenkommenden Verständnisses, wie sie hofft, für immer die bedrohliche Atmosphäre, die sie bei ihrer Machtübernahme vorfand, entgiftet hat und zu einer dauernden Verständigung und Freundschaft der beiden Völker führen wird.

3. Sie hat endlich Frankreich die feierliche Versicherung gegeben, daß Deutschland nach der erfolgten Regelung der Saarfrage nunmehr keine territorialen Forderungen mehr an Frankreich stellen oder erheben wird. Sie glaubt damit in einer geschichtlich seltenen Form die Voraussetzung für die Beendigung eines jahrhundertelangen Streites zwischen zwei großen Nationen durch ein schweres politisches und sachliches Opfer geschaffen zu haben.

Die deutsche Regierung muß aber zu ihrem Bedauern ersehen, daß seit Monaten eine sich fortgesetzt steigernde Aufrüstung der übrigen Welt stattfindet. Sie sieht in der Schaffung einer sowjet-russischen Armee von 101 Divisionen, d. h. 960 000 Mann zugegebener Friedenspräsenzstärke ein Element, das bei der Abfassung des Versailler Vertrages nicht geahnt werden konnte.

Sie sieht in der Forcierung ähnlicher Maßnahmen in anderen Staaten weitere Beweise der Ablehnung der seinerzeit proklamierten Abrüstungsidee. Es liegt der deutschen Regierung fern, gegen irgendeinen Staat einen Vorwurf erheben zu wollen. Allein, sie muß heute feststellen, daß durch die nunmehr beschlossene Einführung der zweijährigen Dienstzeit in Frankreich die gedanklichen Grundlagen der Schaffung kurzdienender Verteidigungsarmeen zugunsten einer langdienenden Organisation aufgegeben worden sind.

Dies war aber mit ein Argument für die seinerzeit von Deutschland geforderte Preisgabe seiner Reichswehr!

Die deutsche Regierung empfindet es unter diesen Umständen als eine Unmöglichkeit, die für die Sicherheit des Reiches notwendigen Maßnahmen noch länger auszusetzen oder gar vor der Kenntnis der Mitwelt zu verbergen.

Wenn sie daher dem in der Rede des englischen Ministers Baldwin am 28. November 1934 ausgesprochenen Wunsche nach einer Aufhellung der deutschen Absichten nunmehr entspricht, dann geschieht es:

1. um dem deutschen Volke die Überzeugung und den anderen Staaten die Kenntis zu geben, daß die Wahrung der Ehre und Sicherheit des Deutschen Reiches von jetzt ab wieder der eigenen

Kraft der deutschen Nation anvertraut wird,

2. aber, um durch die Fixierung des Umfanges der deutschen Maßnahmen jene Behauptungen zu entkräften, die dem deutschen Volke das Streben nach einer militärischen Hegemoniestellung in Europa unterschieben wollen.

Was die deutsche Regierung als Wahrerin der Ehre und der Interessen der deutschen Nation wünscht, ist, das Ausmaß jener Machtmittel sicherzustellen, die nicht nur für die Erhaltung der Integrität des Deutschen Reiches, sondern auch für die internationale Respektierung und Bewertung Deutschlands als ein Mitgarant des allgemeinen Friedens erforderlich sind.

Denn in dieser Stunde erneuert die deutsche Regierung vor dem deutschen Volk und vor der ganzen Welt die Versicherung ihrer Entschlossenheit, über die Wahrung der deutschen Ehre und der Freiheit des Reiches nie hinausgehen und insbesondere in der nationalen deutschen Rüstung kein Instrument kriegerischen Angriffs als vielmehr ausschließlich der Verteidigung und damit der Erhaltung des Friedens bilden zu wollen.

Die deutsche Reichsregierung drückt dabei die zuversichtliche Hoffnung aus, daß es dem damit wieder zu seiner Ehre zurückfindenden deutschen Volke in unabhängiger gleicher Berechtigung vergönnt sein möge, seinen Beitrag zu leisten zur Befriedung der Welt in einer freien und offenen Zusammenarbeit mit den anderen Nationen und ihren Regierungen.

In diesem Sinne hat die deutsche Reichsregierung mit dem heutigen Tage das folgende Gesetz beschlossen:

Gesetz für den Aufbau der Wehrmacht

Vom 16. März 1935

Die Reichsregierung hat folgendes Gesetz beschlossen, das hiermit verkündet wird:

§ 1

Der Dienst in der Wehrmacht erfolgt auf der Grundlage der allgemeinen Wehrpflicht.

§ 2

Das deutsche Friedensheer einschließlich der überführten Truppenpolizeien gliedert sich in

12 Korpskommandos und
36 Divisionen.

§ 3

Die ergänzenden Gesetze über die Regelung der allgemeinen Wehrpflicht sind durch den Reichswehrminister dem Reichsministerium alsbald vorzulegen.

Wehrgesetz

Vom 21. Mai 1935

Abschnitt I

Allgemeines

§ 1

(1) Wehrdienst ist Ehrendienst am Deutschen Volke.

(2) Jeder deutsche Mann ist wehrpflichtig.

(3) Im Kriege ist über die Wehrpflicht hinaus jeder deutsche Mann und jede deutsche Frau zur Dienstleistung für das Vaterland verpflichtet.

§ 2

Die Wehrmacht ist der Waffenträger und die soldatische Erziehungsschule des deutschen Volkes. Sie besteht aus

dem Heer,
der Kriegsmarine,
der Luftwaffe.

§ 3

(1) Oberster Befehlshaber der Wehrmacht ist der Führer und Reichskanzler.

(2) Unter ihm übt der Reichskriegsminister als Oberbefehlshaber der Wehrmacht Befehlsgewalt über die Wehrmacht aus.

Abschnitt II

Die Wehrpflicht

Dauer der Wehrpflicht

§ 4

Die Wehrpflicht dauert vom vollendeten 18. Lebensjahre bis zu dem auf die Vollendung des 45. Lebensjahres folgenden 31. März.

Pflichten im Kriege

§ 5

(1) Alle Wehrpflichtigen haben sich im Falle einer Mobilmachung zur Verfügung der Wehrmacht zu halten. Der Reichskriegsminister entscheidet über ihre Verwendung.

(2) Die Belange der Wehrmacht gehen im Kriege allen anderen vor.

Erweiterung der Wehrpflicht

§ 6

Im Kriege und bei besonderen Notständen ist der Reichskriegsminister ermächtigt, den Kreis der für die Erfüllung der Wehrpflicht in Betracht kommenden deutschen Männer zu erweitern.

Wehrdienst

§ 7

(1) Die Wehrpflicht wird durch den Wehrdienst erfüllt. Der Wehrdienst umfaßt:

a) den aktiven Wehrdienst. Im aktiven Wehrdienst stehen:
   1. die Wehrpflichtigen während der Erfüllung der aktiven Dienstpflicht nach § 8 Abs. 1,
   2. aktive Offiziere und solche Unteroffiziere und Mannschaften, die freiwillig länger dienen, als nach § 8 Abs. 1 festgesetzt ist,
   3. die Wehrmachtbeamten, die nach Erfüllung der Dienstpflicht (Ziff. 1 und 2) als Beamte angestellt werden, ohne in den Beurlaubtenstand überführt zu werden,
   4. die aus dem Beurlaubtenstande zu Übungen oder sonstigem aktiven Wehrdienst einberufenen Offiziere, Unteroffiziere und Mannschaften und Wehrmachtsbeamten nach Ziff. 3;

b) den Wehrdienst im Beurlaubtenstande.

   Im Beurlaubtenstande stehen die Angehörigen:
   1. der Reserve,
   2. der Ersatzreserve,
   3. der Landwehr.

(2) Die nach § 6 einberufenen Jahrgänge im Alter von über 45 Lebensjahren bilden den Landsturm.

Aktive Dienstpflicht

§ 8

(1) Der Führer und Reichskanzler setzt die Dauer der aktiven Dienstpflicht für die Wehrpflichtigen fest[1])

(2) Die Wehrpflichtigen werden in der Regel in dem Kalenderjahr, in dem sie das 20. Lebensjahr vollenden, zur Erfüllung der aktiven Dienstpflicht einberufen. Freiwilliger Eintritt in die Wehrmacht ist schon früher möglich.

(3) Die Erfüllung der Arbeitsdienstpflicht ist eine Voraussetzung für den aktiven Wehrdienst. Ausnahmen werden durch Sonderbestimmungen geregelt.

(4) Bei Freiheitsstrafen von mehr als 30 Tagen Dauer haben die Wehrpflichtigen die entsprechende Zeit nachzudienen, falls sie nicht nach § 23 aus dem aktiven Wehrdienst ausscheiden müssen.

Reserve

§ 9

Zur Reserve gehören die Wehrpflichtigen nach der Entlassung aus dem aktiven Wehrdienst bis zum 31. März des Kalenderjahres, in dem sie ihr 35. Lebensjahr vollenden.

Ersatzreserve

§ 10

Zur Ersatzreserve gehören die Wehrpflichtigen, die nicht zur Erfüllung der aktiven Dienstpflicht nach § 8 Abs. 1 einberufen werden, bis zum 31. März des Kalenderjahres, in dem sie ihr 35. Lebensjahr vollenden.

Landwehr

§ 11

Zur Landwehr gehören die Wehrpflichtigen vom 1. April des Kalenderjahres, in dem sie ihr 35. Lebensjahr vollenden, bis zu dem auf die Vollendung des 45. Lebensjahres folgenden 31. März.

Ersatzwesen

§ 12

(1) Die Wehrpflichtigen werden durch die Ersatzdienststellen der Wehrmacht erfaßt. Der Reichskriegsminister

---

[1]) Durch Verordnung des Führers und Reichskanzlers vom 21. Mai 1935 ist die Dauer der aktiven Dienstpflicht bei den drei Wehrmachtteilen einheitlich auf ein Jahr festgesetzt worden.

regelt den Aufbau der Ersatzdienststellen und ihr Zusammenwirken mit den Behörden der allgemeinen und inneren Verwaltung im Einvernehmen mit dem Reichsminister des Innern.

(2) In der entmilitarisierten Zone werden die Wehrpflichtigen durch die Behörden der allgemeinen und inneren Verwaltung erfaßt.[1])

Wehrunwürdigkeit

§ 13

(1) Wehrunwürdig und damit ausgeschlossen von der Erfüllung der Wehrpflicht ist, wer

a) mit Zuchthaus bestraft ist,
b) nicht im Besitz der bürgerlichen Ehrenrechte ist,
c) den Maßregeln der Sicherung und Besserung nach § 42a des Reichsstrafgesetzbuches unterworfen ist,
d) durch militärgerichtliches Urteil die Wehrwürdigkeit verloren hat,
e) wegen staatsfeindlicher Betätigung gerichtlich bestraft ist.

(2) Der Reichskriegsminister kann Ausnahmen zu Abs. 1c und e zulassen.

(3) Wehrpflichtige, gegen die auf Aberkennung der Fähigkeit zum Bekleiden öffentlicher Ämter erkannt worden ist, dürfen erst nach Ablauf der im Urteil für diese Ehrenstrafe vorgesehenen Zeit einberufen werden.

Wehrpflichtausnahmen

§ 14

Zum Wehrdienst dürfen nicht herangezogen werden:

1. Wehrpflichtige, die nach dem Gutachten eines Sanitätsoffiziers oder eines von der Wehrmacht beauftragten Arztes für den Wehrdienst untauglich befunden worden sind,

---

[1]) **Die Verordnung über das Erfassungswesen vom 22. 5. 1935 ist im Reichsgesetzblatt Teil I S. 615 bis 680 veröffentlicht. Sie bildet den ersten Teil der künftigen Deutschen Wehrordnung als Dienstvorschrift für das Erfassungswesen** und enthält: Bestimmungen über das Erfassungsverfahren, Verfahren der polizeilichen Meldebehörden, Verfahren des Standesamts, Verfahren bei der Musterung, zahlreiche Formblätter einschl. Berufsverzeichnis, die Wehrbezirkseinteilung nebst Ersatzbezirkseinteilung für die entmilitarisierte Zone.

2. Wehrpflichtige römisch-katholischen Bekenntnisses, die die Subdiakonatsweihe erhalten haben.

Arische Abstammung[1])

§ 15

(1) Arische Abstammung ist eine Voraussetzung für den aktiven Wehrdienst.

(2) Ob und in welchem Umfange Ausnahmen zugelassen werden können, bestimmt ein Prüfungsausschuß nach Richtlinien, die der Reichsminister des Innern im Einvernehmen mit dem Reichskriegsminister aufstellt.

(3) Nur Personen arischer Abstammung können Vorgesetzte in der Wehrmacht werden.

(4) Den Angehörigen arischer Abstammung der Wehrmacht und des Beurlaubtenstandes ist das Eingehen der Ehe mit Personen nichtarischer Abstammung verboten. Zuwiderhandlungen haben den Verlust jedes gehobenen militärischen Dienstgrades zur Folge.

(5) Die Dienstleistung der Nichtarier im Kriege bleibt besonderer Regelung vorbehalten.

Zurückstellung

§ 16

Wehrpflichtige können im Frieden von der Erfüllung der aktiven Dienstpflicht auf begrenzte Zeit zurückgestellt werden.

Wehrpflichtige im Ausland

§ 17

(1) Auch die im Ausland lebenden Wehrpflichtigen haben grundsätzlich ihre Wehrpflicht zu erfüllen.

(2) Wehrpflichtige, die im Ausland leben oder für längere Zeit ins Ausland gehen wollen, können bis zu 2 Jahren, in Ausnahmefällen bis zur Beendigung der Wehrpflicht aus dem Wehrpflichtverhältnis beurlaubt werden. Von der Verpflichtung nach § 5 Abs. 1 können sie jedoch nur in besonderen Ausnahmefällen befreit werden.

Reichsangehörigkeit[2])

§ 18

(1) Deutscher im Sinne dieses Gesetzes ist jeder Reichsangehörige, auch wenn er außerdem im Besitz einer ausländischen Staatsangehörigkeit ist.

---

[1]) Siehe Anlage VI.

[2]) Maßgebend sind die Bestimmungen des Reichs- und Staatsangehörigkeitsgesetzes von 1913; vgl. das Änderungsgesetz vom 15. 5. 1935 (RGBl. I S. 593).

(2) Deutsche, die bereits in der Wehrmacht eines anderen Staates aktiv gedient haben, sind von der deutschen Wehrpflicht nicht befreit. Sie werden jedoch im Frieden nur auf besonderen Antrag, den der Reichskriegsminister entscheidet, zum aktiven Wehrdienst zugelassen.

(3) Die Entlassung von Wehrpflichtigen aus der Reichsangehörigkeit und damit aus dem Wehrpflichtverhältnis bedarf der Genehmigung des Reichskriegsministers oder einer von ihm bezeichneten Ersatzdienststelle.

(4) Wer die deutsche Reichsangehörigkeit nicht besitzt, bedarf zum Eintritt in ein Wehrdienstverhältnis der Genehmigung des Führers und Reichskanzlers, der die Befugnis zur Genehmigung dem Reichskriegsminister übertragen kann.

Wehrüberwachung[1]

§ 19

(1) Alle Wehrpflichtigen unterliegen der Wehrüberwachung. Sie wird durch die Ersatzdienststellen der Wehrmacht im Zusammenwirken mit den Behörden der allgemeinen und inneren Verwaltung durchgeführt.

(2) Die Wehrpflichtigen des Beurlaubtenstandes werden in der Regel einmal jährlich zu Wehrversammlungen zusammengerufen. Von der Teilnahme können nur die Ersatzdienststellen befreien.

(3) Während der Dauer von Wehrversammlungen, im dienstlichen Verkehr mit den Ersatzdienststellen und beim Tragen der Uniform eines Wehrmachtteiles sind die Wehrpflichtigen des Beurlaubtenstandes der militärischen Befehlsgewalt unterworfen. Inwieweit sie außerhalb des aktiven Wehrdienstes der militärischen Disziplinarstrafgewalt, dem Militärstrafrecht und der Militärgerichtsbarkeit unterliegen, bestimmen die militärischen Disziplinarstrafordnungen, das Militärstrafgesetzbuch und die Militärstrafgerichtordnung.

Übungen

§ 20

Der Reichskriegsminister kann die Wehrpflichtigen der Reserve, der Ersatzreserve und der Landwehr zu Übungen einberufen und Vorschriften für ihre sonstige Weiterbildung erlassen.

---

[1]) Siehe Anm. auf S. 25.

Abschnitt III

Pflichten und Rechte der Angehörigen der Wehrmacht

Begriffsbestimmungen

§ 21

(1) Angehörige der Wehrmacht sind die Soldaten und die Wehrmachtbeamten.

(2) Soldaten sind die im aktiven Wehrdienst stehenden Offiziere, Unteroffiziere und Mannschaften.

(3) Die Zugehörigkeit zur Wehrmacht dauert für

a) die Soldaten vom Tage des Eintritts oder der Einberufung (Gestellungstag) bis zum Ablauf des Entlassungstages,

b) die aktiven Wehrmachtbeamten vom Tage ihrer Ernennung bis zum Ablauf des Entlassungstages,

c) die zu Übungen als solche einberufenen Wehrmachtbeamten des Beurlaubtenstandes vom Tage der Einberufung (Gestellungstag) bis zum Ablauf des Entlassungstages.

Zeitgerechte Entlassung

§ 22

(1) Aus dem aktiven Wehrdienst werden entlassen:

a) Soldaten, die die aktive Dienstpflicht erfüllt haben, nach Ablauf der nach § 8 Abs. 1 festgesetzten Zeit,

b) Unteroffiziere und Mannschaften nach Ablauf der über die aktive Dienstpflicht nach § 8 Abs. 1 hinaus freiwillig eingegangenen Dienstverpflichtung.

(2) Der Reichskriegsminister kann, wenn dienstliche Verhältnisse es erfordern, die Soldaten nach Abs. 1 auf begrenzte Dauer in der Wehrmacht zurückbehalten und Wehrpflichtige des Beurlaubtenstandes zum aktiven Wehrdienst wieder einberufen.

Ausscheiden von Rechts wegen

§ 23

(1) Soldaten scheiden aus dem aktiven Wehrdienst von Rechts wegen aus, wenn gegen sie erkannt worden ist:

a) nach dem Militärstrafgesetzbuch auf Verlust der Wehrwürdigkeit,

b) auf Gefängnis von längerer als einjähriger Dauer wegen einer vorsätzlich begangenen Tat,
c) auf Unfähigkeit zum Bekleiden öffentlicher Ämter.

(2) In den Fällen nach Abs. 1 a scheiden sie aus dem Wehrpflichtverhältnis aus.

(3) In den Fällen nach Abs. 1 b und c wird das weitere Wehrdienstverhältnis durch die Ersatzdienststellen, bei Offizieren durch die Oberbefehlshaber der Wehrmachtteile geregelt. Der Reichskriegsminister kann die Wehrpflichtigen nach Verbüßen der Strafe wieder zum aktiven Wehrdienst einberufen, in den Fällen nach Abs. 1 c nach Ablauf der im Urteil festgesetzten Zeit. Die vor der Verurteilung abgeleistete Dienstzeit ist anzurechnen, falls sie länger als 30 Tage gedauert hat.

Entlassung aus besonderen Gründen

§ 24

(1) Soldaten müssen aus dem aktiven Wehrdienst entlassen werden, wenn
a) sich herausstellt, daß sie nach dem Wehrgesetz oder seinen Ausführungsbestimmungen von der Erfüllung der Wehrpflicht ausgeschlossen sind oder nicht zum aktiven Wehrdienst herangezogen werden durften,
b) sie entmündigt oder unter vorläufige Vormundschaft gestellt werden.

(2) Soldaten können aus dem aktiven Wehrdienst entlassen werden
a) wegen Dienstunfähigkeit, wenn sie die zum aktiven Wehrdienst erforderlichen körperlichen oder geistigen Kräfte nach dem Gutachten eines Sanitätsoffiziers oder eines von der Wehrmacht beauftragten Arztes nicht mehr besitzen,
b) wegen mangelnder Eignung, wenn sie nach dem Urteil ihrer Vorgesetzten die für ihre Dienststelle nötige Eignung nicht mehr besitzen,
c) wegen unehrenhafter Handlungen, auch wenn diese vor dem Diensteintritt begangen worden sind, sofern nicht Wehrunwürdigkeit nach § 13 Abs. 1 vorliegt,
d) auf eigenen Antrag in begründeten Fällen; Soldaten, die die aktive Dienstpflicht erfüllen, jedoch nur, wenn nach der Einberufung ein Zurückstellungsgrund eingetreten ist.

(3) Offiziere können außerdem aus dem aktiven Wehrdienst entlassen werden, wenn für sie keine Verwendungsmöglichkeit mehr besteht.

(4) Die Absicht der Entlassung ist in den Fällen nach Abs. 2a und b und Abs. 3 Offizieren 3 Monate, Unteroffizieren und Mannschaften, die freiwillig länger dienen, als nach § 8 Abs. 1 festgesetzt ist, 1 Monat vorher unter Angabe der Gründe bekanntzugeben. In allen übrigen Fällen bedarf die Entlassung keiner befristeten Ankündigung.

(5) Die Vorschriften nach Abs. 1, 2 finden auf Angehörige des Beurlaubtenstandes, die nicht im aktiven Wehrdienst stehen, sinngemäß Anwendung.

Pflicht zur Geheimhaltung

§ 25

(1) Die Angehörigen der Wehrmacht und des Beurlaubtenstandes sind zur Verschwiegenheit über dienstliche Angelegenheiten, deren Geheimhaltung erforderlich oder angeordnet ist, verpflichtet.

(2) Diese Verpflichtung bleibt auch nach dem Ausscheiden aus dem Wehrdienst bestehen.

Politik in der Wehrmacht

§ 26

(1) Die Soldaten dürfen sich politisch nicht betätigen. Die Zugehörigkeit zur NSDAP oder einer ihrer Gliederungen oder zu einem der ihr angeschlossenen Verbände ruht für die Dauer des aktiven Wehrdienstes.

(2) Für die Soldaten ruht das Recht zum Wählen oder zur Teilnahme an Abstimmungen im Reich.

(3) Die Soldaten bedürfen der Erlaubnis ihrer Vorgesetzten zum Erwerb der Mitgliedschaft in Vereinigungen jeder Art, sowie zur Bildung von Vereinigungen innerhalb und außerhalb der Wehrmacht.

(4) Der Reichskriegsminister kann Wehrmachtbeamte und im Bereich der Wehrmacht angestellte Zivilpersonen, wenn militärische Notwendigkeit dies erfordert, den Vorschriften nach Abs. 1 und 2 unterwerfen.

Heiratserlaubnis[1])

§ 27

Die Angehörigen der Wehrmacht bedürfen zur Heirat der Erlaubnis ihrer Vorgesetzten.

Nebenbeschäftigung

§ 28

(1) Soldaten und Wehrmachtbeamte bedürfen der Erlaubnis ihrer Vorgesetzten zum Betreiben eines Gewerbes für sich und ihre Hausstandsmitglieder und zur Übernahme einer mit Vergütung verbundenen Nebenbeschäftigung. Die Erlaubnis darf nur in begründeten Ausnahmefällen erteilt werden.

(2) Diese Vorschrift findet auf die zu Übungen oder zu sonstigem aktiven Wehrdienst einberufenen Personen des Beurlaubtenstandes hinsichtlich ihrer Berufstätigkeit keine Anwendung.

Vormundschaften und Ehrenämter

§ 29

(1) Soldaten und Wehrmachtbeamte können die Übernahme des Amtes eines Vormundes, Gegenvormundes, Pflegers, Beistandes oder einer ehrenamtlichen Tätigkeit im Reichs-, Landes- oder Gemeindedienst ablehnen.

(2) Zur Übernahme eines solchen Amtes ist die Erlaubnis der Vorgesetzten erforderlich. Sie darf nur in zwingenden Fällen versagt werden.

Gebührnisse

§ 30

Die Ansprüche der Angehörigen der Wehrmacht auf Gebührnisse und auf Heilfürsorge werden durch das Reichsbesoldungsgesetz geregelt.

Rechtsweg

§ 31

(1) Für vermögensrechtliche Ansprüche aus der Zugehörigkeit zur Wehrmacht steht der ordentliche Rechtsweg offen. Der Klage gegen das Reich muß die Entscheidung des Reichskriegsministers vorangehen. Die Klage muß bei Verlust des Klagerechts innerhalb von 6 Monaten

---

[1]) Die Heiratsordnung für die Angehörigen der Wehrmacht wird demnächst in neuer Fassung erscheinen.

angebracht sein, nachdem die Entscheidung des Reichskriegsministers dem Beteiligten bekannt gegeben worden ist.

(2) Die Entscheidung der militärischen Dienststellen über Dienstuntauglichkeit (§ 14 Abs. 1), Zurückstellung (§§ 16 und 17) und Entlassung (§§ 22 und 24) ist für die Gerichte bindend. Das gleiche trifft für die Entscheidung über vorläufige Dienstenthebung und über ein Zurückbehalten im aktiven Wehrdienst zu.

Versorgung

§ 32

(1) Soldaten, die nach Erfüllung der aktiven Dienstpflicht in Ehren aus dem aktiven Wehrdienst ausscheiden, haben bei Bewerbung um Beschäftigung im öffentlichen Dienst den Vorrang vor sonstigen Bewerbern gleicher Eignung. Bei Vermittlung in Arbeitsplätze der freien Wirtschaft sind die bevorzugt zu berücksichtigen. Bei Rückkehr in den Zivilberuf darf ihnen aus der durch den aktiven Wehrdienst bedingten Abwesenheit kein Nachteil erwachsen. Die gesetzlich festgelegten Rechte der Kriegsbeschädigten werden hierdurch nicht berührt.

(2) In allen übrigen Fällen wird die Versorgung der Soldaten und ihrer Hinterbliebenen durch das Wehrmachtversorgungsgesetz, die Versorgung der Wehrmachtbeamten und ihrer Hinterbliebenen durch die hierfür erlassenen Gesetze und Vorschriften geregelt.

Verabschiedung mit Uniform

§ 33

(1) Den aus der Wehrmacht ausscheidenden Angehörigen der Wehrmacht kann das Recht zum Tragen der Uniform eines Wehrmachtteiles mit einem für Verabschiedete vorgeschriebenen Abzeichen widerruflich verliehen werden.

(2) Dieses Recht wird in der Regel nur nach einer in Ehren geleisteten Dienstzeit von mindestens 12 Jahren verliehen.

Offiziere und Beamte des Beurlaubtenstandes

§ 34

(1) Bei Bewährung und Eignung können Soldaten, die nach ehrenvollem Dienst aus dem aktiven Wehrdienst ausscheiden, zu Offizieren oder Beamten des Beurlaubtenstandes ausgebildet und befördert werden.

(2) Offiziere und Wehrmachtbeamte, die nach ehrenvollem Dienst aus dem aktiven Dienst ausscheiden, können zu Offizieren und Beamten des Beurlaubtenstandes überführt werden.

Zivilangestellte in der Wehrmacht

§ 35

Der Reichskriegsminister kann die im Bereich der Wehrmacht angestellten Zivilpersonen den für Soldaten geltenden gesetzlichen Vorschriften ganz oder teilweise unterwerfen, wenn und solange militärische Notwendigkeit es erfordert. Sie sind für die Dauer dieser Anordnung Angehörige der Wehrmacht im Sinne des § 21.

Abschnitt IV

Übergangsvorschrift

§ 36

(1) Unteroffiziere und Mannschaften, die beim Reichsheer vor dem 1. April 1933 oder bei der Reichsmarine vor dem 1. Juli 1933 eingestellt sind, und deren Verpflichtungsschein nach dem Wehrgesetz vom 23. März 1921 auf 12 Jahre ausgestellt ist, können bis zum Ablauf dieser Zeit im aktiven Wehrdienst belassen werden. Im übrigen gelten für sie uneingeschränkt die Vorschriften dieses Gesetzes.

(2) Abs. 1 ist sinngemäß auf die Verpflichtung der Offiziere und Offizieranwärter des Reichsheeres und der Reichsmarine und die in die Wehrmacht übernommenen Angehörigen der Landespolizei anzuwenden.

(3) Auf die beim Reichsheer nach dem 31. März 1933 und bei der Reichsmarine nach dem 30. Juni 1933 eingestellten Offiziere, Unteroffiziere und Mannschaften findet das vorliegende Gesetz uneingeschränkt Anwendung.

(4) Die auf Grund des § 40a des Wehrgesetzes vom 23. März 1921 angestellten Zivilpersonen können für die Dauer der in ihrem Dienstvertrag vereinbarten Zeit nach näherer Bestimmung des Reichskriegsministers in den aktiven Wehrdienst übernommen werden.

Abschnitt V

Schlußvorschriften

§ 37

(1) Der Führer und Reichskanzler übt das militärische Verordnungsrecht aus. Er erläßt die zur Durchführung des Gesetzes erforderlichen Rechtsverordnungen und Verwaltungsbestimmungen. Die Rechtsverordnungen können Strafandrohungen enthalten.

(2) Der Führer und Reichskanzler kann dem Reichskriegsminister und in den Fragen des Ersatzwesens und der Wehrüberwachung dem Reichsminister des Innern Befugnisse nach Abs. 1 übertragen.

(3) Die Verordnungen können außer in den im Gesetz über Verkündung von Reichsverordnungen vom 13. Oktober 1923 (RGBl. I, Seite 959) vorgesehenen Blättern auch in den Verordnungsblättern der Wehrmacht verkündet werden.

§ 38

(1) Dieses Gesetz tritt mit dem Tage der Verkündung in Kraft.

(2) Mit dem gleichen Tage treten das Wehrgesetz vom 23. März 1921 (RGBl. S. 329) sowie die Änderungsgesetze vom 18. Juni 1921 und vom 20. Juli 1933 (RGBl. 1921 S. 787; 1933 S. 526, 566) außer Kraft.

Begründung des Wehrgesetzes

vom 21. Mai 1935

Im Gegensatz zu dem Wehrgesetz vom 23. März 1921, das die Bildung der nur aus Berufssoldaten bestehenden Reichswehr unter dem Zwange des Diktats von Versailles begründete, gibt das vorliegende Gesetz dem Deutschen Volke die allgemeine, gleiche Wehrpflicht.

Das „Gesetz betreffend die Verpflichtung zum Kriegsdienst" vom 9. November 1867, das die erste Regelung der allgemeinen Wehrpflicht für das Reichsgebiet brachte, sah Ausnahmen in der Dienstzeitdauer vor, die als Standesvorrechte gelten mußten („Einjährige"). Im Gegensatz dazu kennt das vorliegende Gesetz keine Unterschiede, die sich aus besonderen Privilegien herleiten könnten. Es macht den Wehrdienst zum Ehrendienst, der allen Volksgenossen gleichmäßig zukommt, und läßt Ausnahmen — abgesehen von den Fällen körperlicher Untauglichkeit — lediglich von dem Grade der Würdigkeit bestimmen.

Schwere Ehrenstrafen führen zur völligen Wehrunwürdigkeit. Nichtarier können zum Dienst in der Deutschen Wehrmacht in Ausnahmefällen zugelassen werden, die einer besonderen Regelung unterliegen. Sie sollen jedoch nicht Vorgesetzte werden.

Die im vorliegenden Wehrgesetz beabsichtigte Unterteilung der aktiven Wehrpflicht und des Beurlaubtenstandes ist derjenigen der Wehrmacht der Vorkriegszeit ähnlich, wie überhaupt auf bewährten Einrichtungen und Erfahrungen aufgebaut worden ist.

Um die Stellung des Ministers als Oberbefehlshabers der drei Wehrmachtteile zu kennzeichnen, und den Begriff „Reichswehr", der mit der Berufswehrmacht verbunden ist, abzuschließen, wurde die Bezeichnung „Reichskriegsminister" gewählt.

Die näheren Ausführungsbestimmungen über die Ersatzorganisation und -gestellung, über Wehrtauglichkeit, Wehrüberwachung und Zurückstellung wird die Deutsche Wehrordnung[1]) enthalten.

Die Reichsangehörigkeit wird im allgemeinen eine Voraussetzung für den Dienst in der deutschen Wehrmacht sein, doch kann der Führer und Reichskanzler Ausnahmen zulassen.

Politische Betätigung ist allen Soldaten verboten, damit nach bewährtem Grundsatz politische Zwistigkeiten unter Kameraden vermieden werden. Nach den getroffenen Vereinbarungen soll während des aktiven Wehrdienstes die Zugehörigkeit zur NSDAP oder einer ihrer Gliederungen ruhen, weil deren Angehörige einer eigenen Befehls- und Strafgewalt unterliegen und eine klare Trennung der gegenseitigen Befugnisse notwendig ist.

---

[1]) Vgl. die Anm. auf Seite 25.

Die vermögensrechtlichen Angelegenheiten erhalten in zwei Paragraphen eine gesetzliche Grundlage, wobei in den Fragen der Gebührnisse ein allgemeiner Hinweis auf das Reichsbesoldungsgesetz aufgenommen wurde.

Um zu verhindern, daß dem einzelnen Volksgenossen durch die Abwesenheit während des aktiven Wehrdienstes Nachteile in seinem Beruf entstehen und ein anderer daraus Vorteil zieht, wurde eine Sicherungsvorschrift aufgenommen.[1] *Ebenso ist für die freiwillig länger dienenden Soldaten eine Versorgung vorgesehen, die im Wehrmachtversorgungsgesetz eingehend ausgearbeitet werden wird.*

Ein besonderer Paragraph regelt die Dienstzeitverhältnisse der Soldaten, die nach dem Wehrgesetz vom 23. 3. 1921 auf 12 Jahre verpflichtet worden sind, und ihre Unterstellung unter die Vorschriften des vorliegenden Gesetzes.

---

[1]) Vgl. § 32 WG.

Anlage I

Die Pflichten des deutschen Soldaten

1. Die Wehrmacht ist der Waffenträger des deutschen Volkes. Sie schützt das Deutsche Reich und Vaterland, das im Nationalsozialismus geeinte Volk und seinen Lebensraum. Die Wurzeln ihrer Kraft liegen in einer ruhmreichen Vergangenheit, in deutschem Volkstum, deutscher Erde und deutscher Arbeit.
   Der Dienst in der Wehrmacht ist Ehrendienst am deutschen Volk.
2. Die Ehre des Soldaten liegt im bedingungslosen Einsatz seiner Person für Volk und Vaterland bis zur Opferung seines Lebens.
3. Höchste Soldatentugend ist der kämpferische Mut. Er fordert Härte und Entschlossenheit. Feigheit ist schimpflich, Zaudern unsoldatisch.
4. Gehorsam ist die Grundlage der Wehrmacht, Vertrauen die Grundlage des Gehorsams.
   Soldatisches Führertum beruht auf Verantwortungsfreude, überlegenem Können und unermüdlicher Fürsorge.
5. Große Leistungen in Krieg und Frieden entstehen nur in unerschütterlicher Kampfgemeinschaft von Führer und Truppe.
6. Kampfgemeinschaft erfordert Kameradschaft. Sie bewährt sich besonders in Not und Gefahr.
7. Selbstbewußt und doch bescheiden, aufrecht und treu, gottesfürchtig und wahrhaft, verschwiegen und unbestechlich soll der Soldat dem ganzen Volk ein Vorbild männlicher Kraft sein. Nur Leistungen berechtigen zum Stolz.
8. Größten Lohn und höchstes Glück findet der Soldat im Bewußtsein freudig erfüllter Pflicht.
   Charakter und Leistung bestimmen seinen Weg und Wert.

Anlage II

Beschwerdeordnung für die Angehörigen der Wehrmacht (BO)

A. Einführung

1. Jeder Angehörige der Wehrmacht, der sich in seinen dienstlichen Gerechtsamen und Befugnissen beeinträchtigt fühlt oder glaubt, daß ihm von Vorgesetzten, Kameraden oder Beamten beim Reichsheer oder bei der Reichsmarine Unrecht irgendwelcher Art zugefügt ist, hat das Recht, sich zu beschweren.

2. Bei Beschwerden über Disziplinarstrafen sind außerdem die Bestimmungen der HDStO und MDStO zu berücksichtigen.

3. Gemeinschaftliche Beschwerden mehrerer Personen sind verboten. Gibt ein und derselbe Vorgang mehreren Personen Anlaß zur Beschwerde, so ist es jedem Beteiligten überlassen, für sich Beschwerde zu führen.

4. Die Vorschriften der BO sind nicht anzuwenden auf
   a) Anzeigen von Zuwiderhandlungen gegen die Strafgesetze (Strafanzeigen und Strafanträge)[1]).
   b) Geltendmachen von Ansprüchen infolge vermeintlich unrichtiger Abfindung mit Besoldung, Bekleidung, Verpflegung und Unterkunft, sowie wegen unzureichender Krankenversorgung[2]).

5. Wegen unbegründeter Beschwerdeführung wird niemand bestraft. Dies schließt jedoch nicht aus, daß ein Beschwerdeführer zur Verantwortung gezogen wird, wenn er bei

---

[1]) Vergleiche § 74 der Militärstrafgerichtsordnung in der Fassung der Bekanntmachung vom 4. 11. 1933 (RGBl. I S. 921, 924 und des Art. 2 des Gesetzes zur Änderung des Militärstrafgesetzbuchs und der Militärstrafgerichtsordnung vom 23. 11. 1934 (RGBl. I S. 1165, 1166).

[2]) Derartige Ansprüche, die keine Beschwerden im Sinne dieser Beschwerdeordnung darstellen, sind von Soldaten bei dem militärischen Vorgesetzten geltend zu machen und von diesem an die Verwaltungsdienststelle zur Erledigung zu leiten, welche für die Beurteilung zuständig ist.

Beschwerden gegen die Verweigerung der Erlaubnis zum Betrieb eines Gewerbes oder zur Übernahme einer mit einer der Beschwerde eine strafbare Handlung im Sinne der Strafgesetze[3]) oder eine Disziplinarübertretung[4]) begeht.

Eine unrichtige dienstliche Anschauung ist an sich nicht strafbar.

B. Beschwerdeverfahren bei Beschwerden von Soldaten über Soldaten

Die Einleitung der Beschwerde

6. Die Beschwerde darf frühestens, nachdem eine Nacht über den Beschwerdeanlaß oder über sein Bekanntwerden vergangen ist, und muß spätestens innerhalb sieben Tagen (einschließlich Sonn- und Feiertage) eingeleitet werden. In diese Frist wird der Tag, an dem der Anlaß zur Beschwerde gegeben oder zur Kenntnis des Beschwerdeführers gelangt ist, nicht eingerechnet.

Die Beschwerde gilt als eingeleitet durch Mitteilung an den Vermittler (siehe 7) oder in Fällen, in denen eine Vermittlung unzulässig ist (siehe 8), durch Anbringen der Beschwerde bei dem zur Entscheidung zuständigen Vorgesetzten (siehe 16).

Bei Vorlage der Beschwerde durch die Post genügt es, wenn die Beschwerdeschrift nachweislich fristgerecht zur Post gebracht wird.

Die Vermittlung

7. Jede Beschwerde — mit Ausnahme der unter 8 und 24 letzter Absatz genannten Fälle — ist mit der dienstlichen **Vermittlung** einzuleiten, damit der Verklagte Gelegenheit hat, unbewußt oder in Übereilung zugefügtes Unrecht sofort abzustellen oder auszugleichen.

Vergütung verbundenen Nebenbeschäftigung sowie gegen das Versagen der Verheiratung sind nicht nach BO zu behandeln, sondern beim nächsten Disziplinarvorgesetzten anzubringen und auf dem Dienstwege mit Stellungnahme der Zwischenvorgesetzten dem zur Entscheidung zuständigen Vorgesetzten zuzuleiten, d. h. dem nächsten Disziplinarvorgesetzten desjenigen, der die Genehmigung verweigert hat. Weitere Beschwerden des Antragstellers an die nächsthöheren Vorgesetzten sind zulässig.

[3]) Z. B. einen Vorgesetzten verleumderisch beleidigt (§ 91 Abs. 3 MStGB, § 187 RStrGB).

[4]) Z. B. seine Beschwerde vorsätzlich oder leichtfertig auf unwahre Behauptungen stützt oder sie in achtungswidriger Form vorbringt oder schuldhaft von dem in der B. O. vorgeschriebenen Dienstweg abweicht oder schuldhaft die in der BO vorgeschriebene Frist nicht einhält.

8. Unzulässig ist die Inanspruchnahme einer Vermittlung bei Beschwerden
a) über eine verhängte Disziplinarstrafe oder über deren Vollstreckung;
b) über eine verhängte einstweilige Dienstenthebung (HVBl. 1921, Seite 104; MVBl 1921, Seite 201);
c) über eine bereits getroffene Beschwerdeentscheidung (21).

Die Beschwerde ist in vorgenannten Fällen a bis c unmittelbar bei dem zur Entscheidung zuständigen Vorgesetzten (siehe 16) mündlich oder schriftlich anzubringen. Siehe ferner 15, Abs. 2.

Der Vermittler

9. Als Vermittler kann ein Offizier, Unteroffizier oder Mann gewählt werden, der das besondere Vertrauen des Beschwerdeführers genießt. Er soll im Range unter dem Verklagten, jedoch mindestens im Range des Beschwerdeführers stehen und zu demselben Truppenverbande usw. wie der Beschwerdeführer oder der Verklagte gehören. Jedoch darf bei triftigen Gründen von dieser Bestimmung abgewichen werden.

Unmittelbare Disziplinarvorgesetzte des Verklagten sind als Vermittler ausgeschlossen.

10. Der als Vermittler Erwählte ist zur Übernahme der Vermittlung verpflichtet.

Er hat sich zunächst durch den Beschwerdeführer über die einzelnen Beschwerdepunkte genau unterrichten zu lassen.

Hiernach darf er die Übernahme der Vermittlertätigkeit nur ablehnen, wenn seiner Überzeugung nach die Beschwerde entweder in allen Punkten unbegründet ist oder wenn er sich für befangen hält. Er hat die Pflicht, von unüberlegter und leichtfertiger Beschwerde abzuraten. Jede weitere Beeinflussung des Beschwerdeführers ist unzulässig. Dieser ist an den Rat des Vermittlers nicht gebunden.

Der Vermittler hat das Recht, die schriftliche Niederlegung der Beschwerdepunkte und des Tatbestandes zu fordern, aber auch die Pflicht, eine von dem Beschwerdeführer selbständig verfaßte Beschwerdeschrift anzunehmen.

11. Die Vermittlung beginnt damit, daß der Vermittler alsbald den Verklagten von der Beschwerde in Kenntnis setzt, ihm die Auffassung des Beschwerdeführers mitteilt und feststellt, welche Erklärung der Verklagte zum Beilegen der Beschwerde abgeben will. Diese Erklärung ist innerhalb von drei Tagen (einschließlich Sonn- und Feiertage) abzugeben und ihrem wesentlichen Inhalt nach kurz *schriftlich festzulegen*.

Ob der Vermittler dem Verklagten die Niederschrift des Beschwerdeführers (siehe 10 letzter Absatz) vorlegen kann, ohne den Zweck der Vermittlung zu gefährden, bleibt seinem Ermessen überlassen. Muß er es verneinen, so unterbleibt die Vorlage der Klageschrift an den Verklagten. *Auf dessen*

Befragen muß der Vermittler offen seine Ansicht aussprechen.

12. Der Vermittler hat die Erklärung des Verklagten dem Beschwerdeführer unverzüglich zu übermitteln. Dieser hat sich spätestens nach 48 Stunden zu entscheiden, ob er die Beschwerde weiter verfolgen will oder nicht.

13. Ist die Vermittlung gescheitert, so ist dies dem Verklagten mitzuteilen und vom Vermittler schriftlich festzulegen.

Entschließt sich der Beschwerdeführer, die Beschwerde weiter zu verfolgen, so steht ihm frei, ihre Durchführung selbst zu übernehmen oder dem gewählten Vermittler zu belassen.

Die Durchführung der Beschwerde

14. Die Beschwerde ist nunmehr unverzüglich mündlich oder schriftlich durch den Beschwerdeführer oder — wenn der Vermittler weiter in Anspruch genommen wird — durch diesen bei dem entscheidenden Vorgesetzten unmittelbar anzubringen.

15. Die Durchführung der Beschwerde nach gescheiterter Vermittlung hat der Beschwerdeführer sofort seinem nächsten Disziplinarvorgesetzten zu melden, sofern dieser mit dem Anlaß zur Beschwerde nicht in Zusammenhang steht.

Auch ist von einer beabsichtigten Beschwerde in Fällen, in denen eine Vermittlung nach 8 nicht eintritt, Meldung zu erstatten.

Bei Beschwerden über Soldaten, die gleichzeitig mehreren Vorgesetzten unmittelbar unterstehen, hat der zur Entscheidung der Beschwerde zuständige Vorgesetzte den anderen Vorgesetzten des Verklagten nach Eingang der Beschwerde zu unterrichten.

Die Entscheidung

16. Zuständig für die Entscheidung über eine Beschwerde ist derjenige Disziplinarvorgesetzte des Verklagten, dem die disziplinare Beurteilung der Handlung zusteht, die den Gegenstand der Beschwerde bildet. Hat das Unterstellungsverhältnis des Verklagten gewechselt, so geht die Zuständigkeit auf die Disziplinarvorgesetzten des neuen Verbandes nur dann über, wenn die Beschwerde sich gegen die Person des Verklagten richtet, in anderen Fällen bleiben die Disziplinarvorgesetzten des alten Verbandes zuständig.

Bei Beschwerden von Sanitäts- oder Veterinäroffizieren sowie von Sanitätsunteroffizieren und -mannschaften und Hufbeschlagpersonal in fachdienstlichen Angelegenheiten über einen Offizier oder Unteroffizier ist vor der Entscheidung ein Urteil des nächsten Sanitäts- oder Veterinärvorgesetzten des Beschwerdeführers einzuholen, soweit diese nicht selbst zur Entscheidung zuständig sind.

17. Der entscheidende Vorgesetzte hat die Pflicht, in jedem Falle vor der Entscheidung den Tatbestand mittels mündlicher oder schriftlicher Berichterstattung der Beteiligten festzustellen.

Über den Inhalt mündlicher Verhandlungen ist ein kurzer zusammenfassender Bericht zu den Akten zu nehmen.

Wird der Tatbestand hierdurch nicht hinreichend geklärt, so sind die Beteiligten und die Zeugen durch einen Offizier, bei Beschwerden über einen Offizier durch einen dem Verklagten im Range nahestehenden Offizier zu vernehmen.

18. Ergibt die Untersuchung, daß dem Beschwerdeführer Umstände, die für die Beurteilung der Beschwerde von wesentlicher Bedeutung sind, nicht bekannt waren, so ist ihm dies vor Ausspruch der Entscheidung mitzuteilen; hierbei ist er zu fragen, ob er die Beschwerde oder Teile der Beschwerde zurückziehen oder sie durchgeführt wissen will.

Der Beschwerdeführer kann auch sonst seine Beschwerde jederzeit zurückziehen.

Hierdurch ist die Beschwerde an sich erledigt. Die Erledigung ist schriftlich festzulegen und dem Beschwerdeführer und Verklagten bekanntzugeben.

Hält der Vorgesetzte, bei dem die Beschwerde angebracht ist, weitere Maßnahmen für erforderlich, so hat er die Vorgänge dem für die Maßnahmen zuständigen Vorgesetzten zuzuleiten.

19. Nach Abschluß der Ermittlungen ist die Entscheidung möglichst bald, aber nicht vor Ablauf einer Nacht zu treffen und mit Begründung schriftlich niederzulegen.

20. Die Entscheidung mit Begründung ist dem Beschwerdeführer (gegebenenfalls durch den Vermittler) und dem Verklagten schriftlich zuzustellen. Bei Beschwerden gemäß 15 Abs. 3 ist auch den anderen Vorgesetzten des Verklagten die Entscheidung mit Begründung mitzuteilen.

Weitere Beschwerde über die getroffene Entscheidung

21. Der Beschwerdeführer hat das Recht, gegen die über seine Beschwerde getroffene Entscheidung innerhalb von sieben Tagen (einschließlich Sonn- und Feiertage) an den nächsthöheren Vorgesetzten unmittelbar und, so fort bis an den Führer und Reichskanzler eine weitere Beschwerde einzulegen (siehe auch 8). Das Recht zur weiteren Beschwerde steht auch dem verklagten Teil zu.

Die Frist für die weitere Beschwerde, die stets unter Beifügung der vorausgegangenen Entscheidung oder ihrer beglaubigten Abschrift schriftlich vorzulegen ist, beginnt nach Ablauf des Tages, an dem der Betreffende von der Entscheidung dienstlich Kenntnis erhält. Bei der Behandlung weiterer Beschwerden finden die Bestimmungen 17 bis 20 und 22, 23 sinngemäße Anwendung.

Beschwerden, die nicht vorschriftsgemäß eingelegt sind

22. Wird eine Beschwerde nicht auf dem vorgeschriebenen Wege oder nicht fristgerecht vorgebracht, so ist sie trotzdem sachlich zu untersuchen und zu erledigen. Der Beschwerdeführer kann aber bei schuldhaftem Verhalten zur Verantwortung gezogen werden (vgl. 5).

Beschwerden über gerichtlich zu ahndende Verstöße

23. Ergibt die Untersuchung einer Beschwerde, daß ein gerichtlich zu ahndender Verstoß vorliegt, so ist die Sache sofort an die dafür zuständige Stelle abzugeben. Dies ist dem Beschwerdeführer (gegebenenfalls durch den Vermittler) und dem Verklagten durch den nächsten Disziplinarvorgesetzten bekanntzugeben. Die Beschwerde wird damit hinfällig (siehe 4a).

Beschwerden von Soldaten in Lazaretten usw.

24. Soldaten, die in Lazaretten usw. krank liegen, bringen militärische Beschwerden an:

a) in einem Heeres- oder Marine-Lazarett:
bei dem Chefarzt,

b) in der Lazarettabteilung eines Krankenhauses (Zivil- oder Versorgungskrankenhaus):
bei dem leitenden Sanitätsoffizier der Lazarettabteilung,

c) in einem Krankenhaus (Zivil- oder Versorgungskrankenhaus):
wenn ein Sanitätsoffizier dort behandelnder Arzt ist, bei diesem, andernfalls beim Chefarzt oder einem von diesem Beauftragten oder auch bei der zuständigen Dienststelle — Truppenteil des Beschwerdeführers — unmittelbar (erforderlichenfalls schriftlich).

Die in a bis c genannten Personen geben die Beschwerde an die für die Entscheidung zuständige Stelle weiter.

Soweit nach 7 eine Vermittlung vorgeschrieben ist, darf von ihr abgesehen werden. Sie ist jedoch anzustreben, wenn die Beschwerde sich gegen einen der in a bis c genannten Sanitätsoffiziere oder einen in der betreffenden Anstalt befindlichen Soldaten richtet und ein Vermittler leicht erreichbar ist.

Beschwerden von Soldaten in Untersuchungs- oder Strafhaft

25. Festgenommene Soldaten und Soldaten in Untersuchungs- oder Strafhaft bringen militärische Beschwerden ohne Inanspruchnahme eines Vermittlers an:

a) in einer militärischen Anstalt beim Anstaltsvorgesetzten,
b) in einer bürgerlichen Anstalt bei deren Vorsteher.

Zu a. Der Anstaltsvorgesetzte übersendet die Beschwerde der zur Entscheidung zuständigen Stelle. Er ist jedoch verpflichtet, Abschrift der zuständigen Strafverfolgungsbehörde zu übersenden, wenn eine Beschwerde zum Einleiten eines Strafverfahrens Anlaß geben kann oder für eine anhängige Untersuchungssache bedeutsam ist.

Zu b. Der Vorsteher der bürgerlichen Anstalt übersendet — soweit nicht bei Untersuchungsgefangenen der Richter sich dies vorbehält — die Beschwerde an die Dienststelle des Soldaten, die sie unverzüglich an die zur Entscheidung zuständige Stelle weiterleitet.

Beschwerden von Soldaten an Bord von Schiffen in außerheimischen Gewässern

26. Für die Durchführung von Beschwerden der Soldaten an Bord von Schiffen in außerheimischen Gewässern gelten, falls der für die Entscheidung zuständige Disziplinarvorgesetzte sich nicht an Bord des Schiffes befindet und auf dem gewöhnlichen Postwege innerhalb sieben Tagen schriftlich nicht zu erreichen ist, folgende Sonderbestimmungen:

Die Tätigkeit des Vermittlers, soweit eine Vermittlung nach Ziffer 8 nicht unzulässig ist — findet mit dem Scheitern der Vermittlung ihren Abschluß. Die weitere Inanspruchnahme des Vermittlers bei Durchführung der Beschwerde (nach 13) ist ausgeschlossen.

Ist die Vermittlung gescheitert oder unzulässig, so hat der Beschwerdeführer die Beschwerdepunkte in einer Beschwerdeschrift niederzulegen. Diese übergibt er einem in der Beschwerdesache nicht beteiligten, an Bord befindlichen Offizier, dessen Auswahl ihm überlassen ist, der aber dem Range nach möglichst zwischen dem Beschwerdeführer und dem Verklagten stehen soll. Dieser Offizier setzt den Verklagten von dem Eingang der Beschwerde in Kenntnis. Der Verklagte übergibt daraufhin demselben Offizier eine schriftliche Gegenerklärung zu den Ausführungen der Beschwerdeschrift.

Die Beschwerdeschrift und die Gegenerklärung des Verklagten sind so ausführlich abzufassen, daß die Notwendigkeit von Rückfragen möglichst ausgeschlossen wird. Dem Verklagten ist dazu Einblick in die Beschwerdeschrift, dem Beschwerdeführer Einblick in die Gegenerklärung des Verklagten zu geben. Wird von dem Beschwerdeführer oder dem Verklagten die Beifügung von Zeugenaussagen oder anderen Beweismitteln für nötig erachtet, so hat der von dem Beschwerdeführer ausgewählte Offizier die benannten Zeugen zu vernehmen und für Beschaffung der anderen Beweismittel Sorge zu tragen. Die Beschwerdeschrift ist dann mit dem entstandenen Aktenmaterial durch den vom Beschwerdeführer gewählten Offizier ungesäumt dem zur Entscheidung zuständigen Disziplinarvorgesetzten zu übermitteln. Weiterbehandlung erfolgt nach 17 bis 20.

Die Beschwerden gelten, falls nach 8 eine Vermittlung nicht stattgefunden hat, mit Übergabe der Beschwerde an den von dem Beschwerdeführer gewählten Offizier als eingeleitet, anderenfalls mit Vorbringen der Beschwerden bei dem Vermittler.

C. Beschwerden von Beamten und über Beamte beim Reichsheer und bei der Reichsmarine

27. Beschwerden der Beamten untereinander unterliegen dieser Beschwerdeordnung nicht[1]).

28. Militärbeamte haben bei Beschwerden über Soldaten die Vorschriften der Beschwerdeordnung unter A und B zu beachten. Als Vermittler haben sie einen Wehrmachtsangehörigen zu wählen, der im Range dem Beschwerdeführer mindestens gleichstehen soll.

Zivilbeamte unterliegen dieser Vorschrift nicht[1]).

29. Für Beschwerden von Soldaten über Beamte der Wehrmacht gelten die Vorschriften unter A und B unter Berücksichtigung folgender Bestimmungen:

Die Beschwerde ist bei dem militärischen oder dem nach 24 oder 25 zuständigen Vorgesetzten des Beschwerdeführers anzubringen. Dieser leitet sie dem nächsten mit Disziplinarstrafgewalt ausgestatteten Vorgesetzten des Verklagten zu.

Bei Beschwerden über Militärbeamte wegen Verletzung ihrer Amtspflicht ist die oberste Reichsbehörde — Reichswehrminister[2]) — letzte Instanz.

30. Die Bestimmungen in 24 und 25 gelten auch für die Militärbeamten beim Reichsheer und bei der Reichsmarine.

31. Bei Soldaten, die in Stellen von Beamten beim Reichsheer und bei der Reichsmarine Verwendung finden, ist der Dienstweg für alle aus dem Beamtenverhältnis hervorgehenden Beschwerden der gleiche wie für Beamte.

---

[1]) Vergl. jedoch RWMin. V. 14 J. (I b) Nr. 1689,34 v. 28. 5. 34. Danach gilt die BO für alle Wehrmachtangehörigen einschließlich Zivilbeamte, Angestellte und Arbeiter. (Vgl. auch HVBl. 1928 S. 2 Nr. 5).

Bisherige Militärbeamte und Zivilbeamte der Heeres-(Marine-) Verwaltung sind jetzt Wehrmachtbeamte (§ 21 WG).

[2]) Reichskriegsminister.

D. Schlußbestimmungen

32. Alle in einer Beschwerdeangelegenheit entstandenen Schriftstücke sind geheftet bei der Dienststelle aufzubewahren, welche die letzte Entscheidung getroffen hat.

33. Für Reisen, die der Beschwerdeführer oder Vermittler aus Anlaß einer Beschwerde unternehmen, sind Militärfahrkarten zuständig, die auf eigene Kosten zu entnehmen sind. Der Reichskasse dürfen durch derartige Reisen Kosten nicht entstehen.

34. Der Reichswehrminister[1]) ist zum Erlaß nötiger Erläuterungen und Änderungen nicht grundsätzlicher Art ermächtigt.

[1]) Reichskriegsminister.

Anlage III

Polizei und Wehrmacht

Im Einvernehmen mit den Reichsministern des Innern und der Justiz sind folgende Richtlinien für die Befugnisse der Polizeiorgane gegenüber Angehörigen der Wehrmacht aufgestellt worden, nach denen in Zukunft zu verfahren ist.

I. Allgemeines

1. Die Angehörigen der Wehrmacht sind durch ihre Vorgesetzten dahin anzuweisen, daß sie als Vertreter der Staatsgewalt im besonderen Maße verpflichtet sind, außerhalb des Dienstes alle allgemeinen und örtlichen polizeilichen Verordnungen genau zu befolgen und den Anordnungen der Polizeibeamten, die diese in Ausübung ihres Dienstes erteilen, Folge zu leisten.

   Auch im Dienst befindliche Soldaten und Abteilungen haben derartigen Anordnungen nachzukommen, soweit nicht dringende dienstliche Gründe dem entgegenstehen (vgl. außerdem Abschnitt II).

2. Einzelne Soldaten außerhalb des Dienstes haben die Pflicht, den Polizeibeamten auf deren Anforderung in dringenden Fällen Hilfe und Unterstützung zu leisten. Einzelne Soldaten im Dienst haben solchem Ansuchen gleichfalls nachzukommen, soweit ihr Dienst dies gestattet.

   Werden die Führer geschlossener Abteilungen von einzelnen Polizeibeamten um Hilfe angegangen, so haben sie dieser Bitte, wenn irgend angängig, zu entsprechen. Für das etwaige Eingreifen sind die Bestimmungen der Vorschrift über den Waffengebrauch maßgebend.

3. Wird die Polizei zum Einschreiten gegen Angehörige der Wehrmacht gezwungen, so hat dies in ruhiger, möglichst unauffälliger Form zu geschehen.

II. Befugnisse der Polizei gegenüber Wehrmachtsangehörigen

A. Vorläufige Festnahme von Wehrmachtsangehörigen durch die Polizei beim Verdacht strafbarer Handlungen

1. **Voraussetzungen** — §§ 101, 96 der Militärstrafgerichtsordnung (MStGO) —.

   (1) Die Polizei ist zur vorläufigen Festnahme von Wehrmachtsangehörigen nur berechtigt, wenn bei dringendem Tatverdacht und Gefahr im Verzug ein militärischer

Vorgesetzter oder eine militärische Wache nicht erreichbar ist, sofern

a) es sich um ein Verbrechen handelt oder
b) Fluchtverdacht besteht oder
c) Gefahr der Verdunkelung oder des Mißbrauchs der Freiheit zu neuen strafbaren Handlungen vorliegt.

(2) Wird ein Wehrmachtsangehöriger bei einem Verbrechen oder Vergehen auf *frischer Tat* betroffen oder verfolgt, so darf er schon dann polizeilich festgenommen werden, wenn seine Persönlichkeit nicht sofort festgestellt werden kann.

2. **Festnahme von Wehrmachtsangehörigen im Offiziersrang**

Bei einem im Offiziersrang stehenden und in Uniform mit entsprechenden Dienstgradabzeichen befindlichen Wehrmachtsangehörigen ist die Annahme ausgeschlossen, daß er der Flucht verdächtig sei, oder daß seine Persönlichkeit nicht sofort festgestellt werden könne, es sei denn, daß er bei der Begehung eines *Verbrechens* auf frischer Tat betroffen oder verfolgt wird (vgl. § 101 Abs. 3 MStGO).

3. **Festnahme in militärischen Dienstgebäuden**[1])

Befindet sich ein Wehrmachtsangehöriger in einem militärischen Dienstgebäude — hierzu gehören auch Kriegsfahrzeuge —, so hat die Polizei die Militärbehörde[2]) um Ausführung der Festnahme zu ersuchen.

4. **Festnahme während des Dienstes**

Befindet sich ein Wehrmachtsangehöriger im Dienst, so soll ihn die Polizei nur aus besonders dringlichen Gründen selbst festnehmen, z. B. wenn er bei einem Verbrechen auf frischer Tat betroffen wird und ein militärischer Vorgesetzter oder eine militärische Wache nicht sofort erreichbar ist. Als im Dienst befindlich ist ein einzelner Wehrmachtsangehöriger nur dann anzusehen, wenn es die Umstände (z. B. Postenstehen) eindeutig erkennen lassen, oder wenn er einen Ausweis darüber vorzeigen kann.

---

[1]) Zu militärischen Dienstgebäuden sind auch zu rechnen sonstige militärische Anlagen, die durch Soldaten oder Wächter der Wehrmacht bewacht werden, sowie in Dienst gestellte Kriegsfahrzeuge einschließlich Beiboote.

[2]) Für den Begriff „Militärbehörde“ gilt sinngemäß der Erlaß v. 7. 12. 33 zu Nr. V (Reichsministerialblatt 1933 S. 690, HVBl 1933 S. 193, MVBl 1934 S. 4), abgedruckt auch HDv 3 g S. 92. / MDv Nr. 124 Heft 3.

5. **Festnahme außerhalb militärischer Dienstgebäude oder außer Dienst**

Auch in anderen Fällen als zu 3 und 4 soll die Polizei die Festnahme tunlichst durch Wehrmachtsangehörige bewirken.

6. **Mitteilung der Festnahme**

Die Polizei hat von jeder Festnahme eines Wehrmachtsangehörigen sofort seine vorgesetzte Dienststelle zu benachrichtigen, soweit nicht der Festgenommene unmittelbar der Dienststelle zugeführt oder nach Verständigung mit dieser oder Feststellung seiner Persönlichkeit entlassen werden kann.

B. Einschreiten gegen Wehrmachtsangehörige, die nicht strafbarer Handlungen verdächtig sind

Ist ein Einschreiten der Polizei gegen Wehrmachtsangehörige geboten, gegen die kein Verdacht strafbarer Handlungen vorliegt, so hat sie sich darauf zu beschränken, sie auf ihr ordnungswidriges Verhalten hinzuweisen, nötigenfalls Namen und Dienststelle festzustellen und dieser Anzeige zu erstatten. Kann sich ein Wehrmachtsangehöriger nicht ausreichend ausweisen, so kann er zur Feststellung der Persönlichkeit einem militärischen Vorgesetzten oder einer militärischen Wache oder, wenn diese nicht sofort erreichbar sind, einer Polizeiwache zugeführt werden; auch dies soll tunlichst durch Wehrmachtsangehörige bewirkt werden.

C. Wehrmachtsangehörige in Zivil

Wehrmachtsangehörige in Zivil sind ebenso zu behandeln wie Zivilpersonen. Können sie sich einwandfrei als Wehrmachtsangehörige ausweisen, so ist nach Abschnitt A oder B zu verfahren.

D. Beschlagnahme und Durchsuchungen

1. Bei Wehrmachtsangehörigen, die strafbarer Handlungen verdächtig sind, darf die Polizei Beschlagnahmen oder Durchsuchungen nur auf Ersuchen des Gerichtsherrn oder des Untersuchungsführers vornehmen (§ 161 MStGO).
2. In anderen Fällen, z. B. wenn in einem Verfahren gegen eine Zivilperson eine Beschlagnahme oder eine Durchsuchung bei einem Wehrmachtsangehörigen nötig wird, steht der Polizei das Recht dazu in demselben Umfang zu wie gegenüber Zivilpersonen. Durchsuchungen in militärischen Dienstgebäuden erfolgen jedoch durch Ersuchen

der Militärbehörde[1]), es sei denn, daß Räume zu durchsuchen sind, die in militärischen Dienstgebäuden ausschließlich von Zivilpersonen bewohnt werden (§§ 98 Abs. 4, 105 Abs. 4 der Strafprozeßordnung).

E. Polizeiliche Ermittlungen

Soweit die Polizei zur Vornahme von Ermittlungen zuständig ist, darf ihr der Zutritt zu militärischen Dienstgebäuden nicht verweigert werden (vgl. aber A 3 und D 2). Der militärische Dienst soll jedoch dadurch möglichst nicht gestört werden. Dem Ersuchen der Polizei, Wehrmachtsangehörige zur Vernehmung außerhalb der militärischen Dienstgebäude zu gestellen, ist Folge zu leisten, soweit es der militärische Dienst irgend zuläßt.

Soweit gegenüber Wehrmachtsangehörigen die Militärgerichtsbarkeit nicht besteht (§§ 2 bis 4 MStGO, § 10 Einf.Ges. zur MStGO), gelten an sich für die Befugnisse der Polizei die Vorschriften der Strafprozeßordnung. Die vorstehenden Richtlinien *sind jedoch* auch dann anzuwenden.

---

[1]) Für den Begriff „Militärbehörde" gilt sinngemäß der Erlaß vom 7. 12. 33 zu Nr. V (Reichsministerialblatt 1933 S. 690, HVBl 1933 S. 193, MVBl 1934 S. 4), abgedruckt auch $\frac{\text{HDv 3 g S. 92.}}{\text{MDv Nr. 124 Heft 3.}}$

Anlage IV

Gesetz über die freiwillige Gerichtsbarkeit und andere Rechtsangelegenheiten in der Wehrmacht

Vom 24. April 1934

Artikel 1

Für die im § 1 der Militärstrafgerichtsordnung (Reichsgesetzbl. 1933 I S. 924) genannten Personen gelten im mobilen Verhältnis (§ 7 des Einführungsgesetzes zur Militärstrafgerichtsordnung, Reichsgesetzbl. 1933 I S. 921) folgende besondere Bestimmungen:

§ 1

(1) Die im § 167 des Reichsgesetzes über die Angelegenheiten der freiwilligen Gerichtsbarkeit vom 20. Mai 1898 (Reichsgesetzbl. S. 771) den Amtsgerichten oder Notaren zugewiesenen Verrichtungen, die Aufnahme anderer Urkunden, einschließlich der vollstreckbaren Urkunden nach § 794 Abs. 1 Nr. 5 der Zivilprozeßordnung, und die Entgegennahme eidesstattlicher Versicherungen stehen auch den richterlichen Militärjustizbeamten zu.[1])

(2) Unterschriften können auch die militärischen Disziplinarvorgesetzten oder die vorgesetzten Beamten beglaubigen.

§ 2

(1) Für die Beurkundung von Rechtsgeschäften und die Beglaubigung von Unterschriften oder Handzeichen nach § 1 gelten die §§ 168 bis 183 des Reichsgesetzes über die Angelegenheiten der freiwilligen Gerichtsbarkeit entsprechend.[1])

(2) Für die Errichtung von Testamenten und den Abschluß von Erbverträgen nach § 1 gelten auch die Vorschriften des Bürgerlichen Gesetzbuchs entsprechend.

(3) An die Stelle des Urkundsbeamten der Geschäftsstelle des Amtsgerichts tritt der Urkundsbeamte der Geschäftsstelle des Militärgerichts. Wehrmachtsangehörige können als Zeugen auch mitwirken, wenn sie minderjährig sind.

§ 3

(1) Eine letztwillige Verfügung ist als Militärtestament gültig errichtet,

a) wenn der Erblasser sie eigenhändig geschrieben und unterschrieben hat, oder

---

[1]) Die erwähnten gesetzlichen Bestimmungen sind in Anlage V enthalten.

b) wenn der Erblasser sie eigenhändig unterschrieben hat und wenn sie außerdem von einem Offizier oder einem Militärbeamten im Offiziersrang als Zeugen oder von zwei sonstigen Zeugen unterschrieben ist.

(2) Enthält ein solches Testament eine Zeitangabe, so wird vermutet, daß sie richtig ist.

(3) Ein Militärtestament ist als öffentliches Testament gültig errichtet,

wenn über die mündliche Erklärung des Erblassers ein Offizier oder Militärbeamter im Offiziersrang unter Zuziehung entweder eines weiteren Offiziers oder Militärbeamten im Offiziersrang als Zeugen oder zweier sonstiger Zeugen eine schriftliche Verhandlung aufgenommen hat, die dem Erblasser vorgelesen, von ihm genehmigt und vom Aufnehmenden und den Zeugen unterschrieben worden ist.

(4) Ist ein Militärtestament während des mobilen Verhältnisses des Erblassers oder innerhalb von zwei Wochen nach dessen Ende einer Militärbehörde übergeben oder ist es in einem Feldnachlaß gefunden, so wird vermutet, daß das Testament während des mobilen Verhältnisses errichtet ist.

(5) Militärtestamente verlieren ihre Gültigkeit mit Ablauf eines Jahres nach dem Tage, mit dem für den Erblasser das mobile Verhältnis aufgehört hat. Der Ablauf der Frist wird durch die Unfähigkeit des Erblassers zum Errichten einer anderen letztwilligen Verfügung und ferner dadurch gehemmt, daß nach dem Ende seines mobilen Verhältnisses ein solches für ihn wieder neu beginnt.

(6) Kriegsgefangene und Geiseln können Militärtestamente auch errichten, solange sie sich in der Gewalt des Feindes befinden. Die Vorschriften der Abs. 1 bis 5 gelten entsprechend.

§ 4

(1) Zur Beglaubigung von Abschriften genügt ein unter die Abschrift zu setzender Vermerk des richterlichen Militärjustizbeamten oder des Urkundsbeamten der Geschäftsstelle des Militärgerichts, der die Übereinstimmung mit der Hauptschrift bezeugt und erkennen läßt, ob diese eine Urschrift, eine einfache oder eine beglaubigte Abschrift oder eine Ausfertigung ist; Beglaubigungs- oder Ausfertigungsangaben sind in die beglaubigte Abschrift aufzunehmen. Soll lediglich ein Auszug aus einer Urkunde beglaubigt werden, so ist in die Abschrift außer den die Förmlichkeiten nachweisenden Teilen nur der Teil der Urkunde aufzunehmen, auf den sich der Auszug beziehen soll; er ist im Beglaubigungsvermerk anzugeben, und es ist dabei zu bezeugen, daß über ihn keine weiteren Bestimmungen in der Urkunde enthalten sind.

(2) Zur Sicherstellung der Zeit, zu der eine Privaturkunde ausgestellt ist, genügt ein Vermerk des richterlichen Militärjustizbeamten darüber, wann ihm die Urkunde vorgelegt worden ist.

(3) Die Vermerke müssen den Tag der Ausstellung enthalten und mit der Unterschrift des beurkundenden Beamten versehen sein. Sie sollen Durchstreichungen, Änderungen, Einschaltungen, Radierungen oder andere Mängel einer Schrift angeben.

§ 5

Lebensbescheinigungen und sonstige einfache Zeugnisse können durch einen Vermerk des richterlichen Militärjustizbeamten erteilt werden. Der Vermerk muß die Unterschrift des beurkundenden Beamten und den Tag der Ausstellung enthalten.

§ 6

Andere als die in den §§ 2 bis 5 genannten Urkunden sind in Form einer Niederschrift aufzunehmen, die den Beteiligten zur Genehmigung vorzulesen oder zur Durchsicht vorzulegen ist. Die Niederschrift hat den Tag der Verhandlung sowie die Unterschrift der Beteiligten und des richterlichen Militärjustizbeamten zu enthalten. Kann ein Beteiligter nicht unterschreiben, so ist dies unter der Niederschrift zu vermerken.

§ 7

Urkunden der in den §§ 2 bis 6 genannten Art bedürfen zu ihrer Gültigkeit keiner Ortsangabe; sie sollen jedoch die Dienststelle der Personen enthalten, die die beurkundete Erklärung abgegeben oder aufgenommen oder die die Urkunde errichtet haben. Das gleiche gilt für sonstige Urkunden, die im mobilen Verhältnis von einer militärischen Behörde oder einer der im § 1 der Militärstrafgerichtsordnung genannten Personen errichtet sind.

§ 8

Werden nach den Vorschriften dieses Gesetzes errichtete oder aufgenommene Urkunden oder Vermerke einem Beteiligten in Urschrift ausgehändigt, so müssen sie mit dem Dienstsiegel oder Dienststempel versehen sein.

§ 9

Für die Beglaubigung von Unterschriften (§ 1) werden keine Stempelabgaben erhoben.

§ 10

Beschwerden nach § 27 des Reichsgesetzes über die Angelegenheiten der freiwilligen Gerichtsbarkeit und nach § 78 der Grundbuchordnung können zur Niederschrift eines richterlichen Militärjustizbeamten, eines militärischen Disziplinarvorgesetzten oder eines vorgesetzten Beamten eingelegt werden. Bei sofortigen weiteren Beschwerden wird die Notfrist durch fristgemäße Aufnahme dieser Niederschrift gewahrt.

§ 11

(1) Rechtshilfeersuchen können durch richterliche Militärjustizbeamte erledigt werden.

(2) Ein Ersuchen darf nur abgelehnt werden, wenn die ersuchte Stelle unzuständig und die Abgabe an die zuständige Stelle untunlich ist, oder wenn die vorzunehmende Handlung nach dem Recht der ersuchten Stelle unzulässig ist.

(3) Die Kosten der Rechtshilfe werden der ersuchten Stelle nicht erstattet.

§ 12

Beschwerden aus Anlaß von Verrichtungen nach §§ 1 und 11 dieses Gesetzes werden im Aufsichtsweg erledigt.

§ 13

Bei einem Todesfall hat der zunächstvorgesetzte Offizier oder Beamte, soweit dies erforderlich ist, den Nachlaß vorläufig zu sichern.

Artikel 2

Die Vorschriften des Artikels 1 gelten auch außerhalb des mobilen Verhältnisses sinngemäß für Personen, die zur Besatzung eines in Dienst gestellten Schiffs oder sonstigen Fahrzeugs der Reichsmarine gehören oder in anderer Eigenschaft an Bord eines solchen Schiffs oder Fahrzeugs sind, solange sich dieses außerhalb eines inländischen Hafens befindet.

Artikel 3

Nach dem Tod einer der im § 1 der Militärstrafgerichtsordnung genannten Personen hat die Militärbehörde, der der Verstorbene angehört hat, unbeschadet der Zuständigkeit des Nachlaßgerichts, soweit dies erforderlich ist, die amtlichen Akten und sonstigen Sachen sicherzustellen, die sich im Gewahrsam des Verstorbenen befanden und auf Grund des Dienstverhältnisses herauszugeben sind. War der Verstorbene der einzige Beamte der Militärbehörde, so hat der Standortälteste diese Sachen sicherzustellen.

Artikel 4

Für Wehrmachtsangehörige, deren Dienststelle sich im Ausland befindet und keinen Standort im Inland hat oder gehabt hat, kann der **Reichspräsident**[1]) auch in Friedenszeiten für Angelegenheiten der streitigen Gerichtsbarkeit einen Ort im Inland als Standort bestimmen.

---

[1]) Reichspräsident = Führer und Reichskanzler.

Artikel 5

(1) Dieses Gesetz tritt am 1. April 1934 in Kraft.

(2) Gleichzeitig treten außer Kraft:

a) das Gesetz, betreffend die freiwillige Gerichtsbarkeit und andere Rechtsangelegenheiten in Heer und Marine, vom 28. Mai 1901 (Reichsgesetzbl. S. 185),

b) die Verordnung des Bundesrats über die freiwillige Gerichtsbarkeit in Heer und Marine vom 14. Januar 1915 (Reichsgesetzbl. S. 18),

c) die Verordnung des Bundesrats über die freiwillige Gerichtsbarkeit und andere Rechtsangelegenheiten in Heer und Marine vom 8. März 1917 (Reichsgesetzbl. S. 219),

d) § 184 des Reichsgesetzes über die Angelegenheiten der freiwilligen Gerichtsbarkeit vom 20. Mai 1898 (Reichsgesetzbl. S. 771),

e) § 38 des Wehrgesetzes vom 23. März 1921 (Reichsgesetzbl. S. 329).

(3) Der Reichswehrminister[1]) erläßt im Einvernehmen mit dem Reichsminister der Justiz die zur Durchführung und Ergänzung dieses Gesetzes erforderlichen Rechts- und Verwaltungsvorschriften.[2])

---

[1]) Reichskriegsminister (§ 3 (2) WG).

[2]) Die Durchführungs- und Ergänzungsbestimmungen sind noch nicht erlassen.

Anlage V

1. Einführungsgesetz zur Militärstrafgerichtsordnung

(RGBl. 1933, Teil I, S. 921)

§ 7

Mobiles Verfahren

Die Vorschriften der Militärstrafgerichtsordnung über das mobile Verfahren gelten für Personen, die

1. einem mobilen Teil der Wehrmacht angehören oder sich bei ihm befinden oder
2. an Bord eines zum Dienst in außerheimischen Gewässern bestimmten Schiffes eingeschifft sind, wenn und soweit die Marineleitung die Geltung angeordnet hat.

2. Militärstrafgerichtsordnung

(RGBl. 1933, Teil I, S. 924)

§ 1

Unbeschränkte sachliche Geltung

(1) Der Militärgerichtsbarkeit sind, soweit dieses Gesetz nicht anders bestimmt, wegen aller strafbaren Handlungen unterstellt:

1. die Soldaten und Wehrmachtsbeamten;
2. die Schiffsangestellten (§ 166 Abs. 1 des Militärstrafgesetzbuchs);
3. die an Bord eines Schiffes dienstlich eingeschifften Personen, solange sich das Schiff im Kriegszustand befindet (§ 166 Abs. 2 des Militärstrafgesetzbuchs);
4. in Kriegszeiten außerdem:
   a) die Angehörigen des Heeresgefolges (§§ 155, 157 Abs. 2 des Militärstrafgesetzbuchs);
   b) die zu dem kriegführenden Heer zugelassenen ausländischen Offiziere (§ 157 Abs. 1 des Militärstrafgesetzbuchs), wenn der Reichspräsident[1]) nicht anders bestimmt hat;
   c) die Kriegsgefangenen (§ 158 des Militärstrafgesetzbuchs).

(2) Wehrmachtsbeamte im Sinn dieses Gesetzes sind die Militärbeamten und die Zivilbeamten der Wehrmacht.[2])

---

[1]) Führer und Reichskanzler.
[2]) Vgl. § 21 WG.

3. Zivilprozeßordnung

(RGBl. 1924, Teil I, S. 437)

§ 794 Abs. 1 Nr. 5

Die Zwangsvollstreckung findet ferner statt

5. aus Urkunden, welche von einem deutschen Gericht oder von einem deutschen Notar innerhalb der Grenzen seiner Amtsbefugnisse in der vorgeschriebenen Form aufgenommen sind, sofern die Urkunde über einen Anspruch errichtet ist, welcher die Zahlung einer bestimmten Geldsumme oder die Leistung einer bestimmten Quantität anderer vertretbarer Sachen oder Wertpapiere zum Gegenstande hat, und der Schuldner sich in der Urkunde der sofortigen Zwangsvollstreckung unterworfen hat. Als ein Anspruch, welcher die Zahlung einer Geldsumme zum Gegenstande hat, gilt auch der Anspruch aus einer Hypothek, einer Grundschuld oder einer Rentenschuld.

(RGBl. Teil I, 1934 S. 1070–1072)

§ 850

(1) Die Dienstbezüge der Beamten, der Geistlichen sowie der Ärzte und Lehrer an öffentlichen Anstalten und die Bezüge dieser Personen nach ihrer Versetzung in den dauernden oder einstweiligen Ruhestand oder ihrem sonstigen Ausscheiden aus dem Dienst sind bis zum Betrage von monatlich 150 Reichsmark und, soweit sie diesen Betrag übersteigen, zu zwei Dritteilen des Mehrbetrags der Pfändung nicht unterworfen. **Das gleiche gilt von den Dienstbezügen der Wehrmachtsangehörigen und den Versorgungsbezügen der aus der Wehrmacht Ausgeschiedenen, soweit nicht in den Versorgungsgesetzen ein anderes bestimmt ist.** Beträge, die auf Grund steuerrechtlicher oder sonstiger gesetzlicher Vorschriften zugunsten des Schuldners unmittelbar an eine dritte Stelle abzuführen sind, dürfen bei der Ermittlung des pfändbaren Betrages nicht in Abzug gebracht werden.

(2) Die Zulagen und Beihilfen, die den im Abs. 1 bezeichneten Personen mit Rücksicht auf das Vorhandensein unterhaltsberechtigter Angehöriger gewährt werden, sind weder der Pfändung unterworfen, noch bei der Ermittlung der pfändbaren Beträge zu berücksichtigen. Das gleiche gilt für die Einkünfte, die zur Bestreitung eines Dienstaufwandes bestimmt sind.

(3) Wegen der Unterhaltsansprüche, die Verwandten, Ehegatten, früheren Ehegatten oder unehelichen Kindern kraft Gesetzes zustehen, sind die im Abs. 1 und im Abs. 2 Satz 1 genannten Bezüge ohne die dort bezeichneten Beschränkungen

pfändbar. Dem Schuldner ist jedoch von den Bezügen so viel zu belassen, als er für seinen notwendigen Unterhalt und zur Erfüllung seiner laufenden gesetzlichen Verpflichtungen gegenüber den dem Gläubiger vorgehenden Unterhaltsberechtigten oder zur gleichmäßigen Befriedigung der dem Gläubiger gleichstehenden Unterhaltsberechtigten bedarf. Die Reihefolge bestimmt sich nach § 1609 des Bürgerlichen Gesetzbuchs; die Ansprüche der unehelichen Kinder stehen denen der Verwandten, Ehegatten und früheren Ehegatten nach. Der dem Schuldner nach Satz 2 verbleibende Teil seiner Bezüge darf den Betrag nicht übersteigen, der ihm nach den Absätzen 1 und 2 zu verbleiben hätte. Für die Pfändung wegen Rückstände, die länger als ein Jahr vor dem Antrag auf Erlaß des Pfändungsbeschlusses fällig geworden sind, gelten die Vorschriften dieses Absatzes nur insoweit, als nach Lage der Verhältnisse anzunehmen ist, daß sich der Schuldner seiner Zahlungspflicht absichtlich entzogen hat; im übrigen ist die Pfändung wegen derartiger Rückstände nur in den in den Absätzen 1 und 2 bezeichneten Grenzen zulässig.

(4) Ändern sich die Verhältnisse, die nach den Absätzen 1 bis 3 den unpfändbaren Teil des Bezuges bestimmen, so ist auf Antrag des Schuldners oder des Gläubigers der Pfändungsbeschluß entsprechend zu ändern. Den Antrag kann auch ein Dritter stellen, dem gegenüber der Schuldner kraft Gesetzes unterhaltspflichtig ist. Der Drittschuldner kann nach Maßgabe der bisherigen Pfändung mit befreiender Wirkung leisten, solange ihm der Änderungsbeschluß nicht zugestellt ist.

§ 850 a

(1) Für die Pfändung der Bezüge von Hinterbliebenen der im § 850 Abs. 1 genannten Personen, der Bezüge aus Witwen- und Waisenkassen, der Erziehungsgelder, Studienstipendien und ähnlicher Bezüge gelten die Vorschriften des § 850 entsprechend.

(2) Die Sterbe- oder Gnadenbezüge sind in voller Höhe unpfändbar.

§ 850 b

(1) Arbeits- und Dienstlohn sowie sonstige wiederkehrend zahlbare Vergütungen für geleistete Arbeiten sind, wenn die zu vergütenden Leistungen die Erwerbstätigkeit des Schuldners vollständig oder zu einem wesentlichen Teil in Anspruch nehmen,

bei Auszahlung für Monate oder Bruchteile von Monaten bis zum Betrage von 150 Reichsmark monatlich,

bei Auszahlung für Wochen bis zum Betrage von 35 Reichsmark wöchentlich,

bei Auszahlung für Tage bis zum Betrage von 5,80 Reichsmark täglich und, soweit sie diese Beträge übersteigen, bis zu einem Drittel des Mehrbetrages der Pfändung nicht unterworfen. Die Vorschrift des § 850 Abs. 1 Satz 3 gilt dabei entsprechend.

(2) Hat der Schuldner seinem Ehegatten, einem früheren Ehegatten, einem Verwandten oder einem unehelichen Kinde Unterhalt zu gewähren, so erhöht sich der unpfändbare Teil des Mehrbetrags für jede Person, der Unterhalt gewährt wird, um ein Sechstel, höchstens jedoch auf zwei Drittel des Mehrbetrags.

(3) Übersteigt die Vergütung die Summe von 500 Reichsmark für den Monat, von 115 Reichsmark für die Woche, von 19 Reichsmark für den Tag, so findet auf den Mehrbetrag die Vorschrift des Absatzes 2 keine Anwendung.

(4) Für die Pfändung wegen gesetzlicher Unterhaltsansprüche gilt § 850 Abs. 3 entsprechend.

(5) Ändern sich die Verhältnisse, die nach den Absätzen 1 bis 4 den unpfändbaren Teil der Vergütung bestimmen, so gilt § 850 Abs. 4 entsprechend.

§ 850 c

(1) Hat sich der Empfänger der vom Schuldner geleisteten Arbeiten oder Dienste verpflichtet, Leistungen an einen Dritten zu bewirken, die nach Lage der Umstände ganz oder teilweise eine Vergütung für die Leistung des Schuldners darstellen, so kann der Anspruch des Drittberechtigten insoweit auf Grund des Schuldtitels gegen den Schuldner gepfändet werden, wie wenn der Anspruch dem Schuldner zustände. Die Pfändung des Vergütungsanspruchs des Schuldners umfaßt ohne weiteres den Anspruch des Drittberechtigten.

(2) Der Pfändungsbeschluß ist dem Drittberechtigten ebenso wie dem Schuldner zuzustellen.

§ 850 d

Leistet der Schuldner einem Dritten in einem ständigen Verhältnis Arbeiten oder Dienste, die nach Art und Umfang üblicherweise vergütet werden, unentgeltlich oder gegen eine unverhältnismäßig geringe Vergütung, so gilt im Verhältnis des Gläubigers zu dem Empfänger der Arbeits- oder Dienstleistungen eine angemessene Vergütung als geschuldet. Bei der Prüfung, ob diese Voraussetzungen vorliegen, sowie bei der Bemessung der Vergütung ist auf alle Umstände des Einzelfalles, insbesondere die Art der Arbeits- oder Dienstleistung, die verwandtschaftlichen oder sonstigen Beziehungen zwischen dem Dienstberechtigten und dem Dienstverpflichteten und die wirtschaftliche Leistungsfähigkeit des Dienstberechtigten, Rücksicht zu nehmen.

§ 850 e

(1) Ist in anderen als den im § 850 b bezeichneten Fällen ein Anspruch auf Vergütung für persönlich geleistete Arbeiten

oder Dienste gepfändet, so hat das Gericht dem Schuldner auf Antrag so viel zu belassen, als er während eines angemessenen Zeitraums für seinen notwendigen Unterhalt und den seines Ehegatten, seiner unterhaltsberechtigten Verwandten oder eines unehelichen Kindes bedarf. Bei der Entscheidung sind die wirtschaftlichen Verhältnisse des Schuldners, insbesondere seine sonstigen Verdienstmöglichkeiten, frei zu würdigen. Dem Schuldner ist nicht mehr zu belassen, als ihm nach freier Schätzung des Gerichts verbleiben würde, wenn sein Einkommen aus laufendem Arbeits- oder Dienstlohn bestände. Der Antrag des Schuldners ist insoweit abzulehnen, als überwiegende Belange des Gläubigers entgegenstehen.

(2) Die Vorschriften des § 33 des Gesetzes über die Heimarbeit vom 23. März 1934 (Reichsgesetzbl. I S. 214) bleiben unberührt.

§ 850 f

(1) Die Pfändung

1. des Ruhegehalts von Personen, die in einem bürgerlichrechtlichen Dienst- oder Arbeitsverhältnis beschäftigt gewesen sind, und der Bezüge von Hinterbliebenen dieser Personen,
2. der Bezüge, die ein Handlungsgehilfe auf Grund der Vorschriften der §§ 74 bis 75a des Handelsgesetzbuchs (Reichsgesetzbl. 1914 S. 209) für die Zeit nach der Beendigung des Dienstverhältnisses als Entschädigung beanspruchen kann,

unterliegt denselben Beschränkungen wie die Pfändung des Arbeits- und Dienstlohns (§ 850 b).

(2) Die Sterbe- oder Gnadenbezüge der in Nr. 1 genannten Hinterbliebenen sind in voller Höhe unpfändbar.

§ 850 g

Der Pfändung sind nicht unterworfen

1. die nach § 843 des Bürgerlichen Gesetzbuchs wegen einer Verletzung des Körpers oder der Gesundheit zu entrichtenden Geldrenten;
2. die auf gesetzlicher Vorschrift beruhenden Unterhaltsforderungen und die nach § 844 des Bürgerlichen Gesetzbuchs wegen der Entziehung einer solchen Forderung zu entrichtende Geldrente;
3. die fortlaufenden Einkünfte, die ein Schuldner aus Stiftungen oder sonst auf Grund der Fürsorge und Freigebigkeit eines Dritten oder auf Grund eines Altenteils- oder Auszugsvertrags bezieht, soweit der Schuldner der Einkünfte für seinen notwendigen Unterhalt und den seines Ehegatten und seiner unterhaltsberechtigten Verwandten bedarf;

4. die aus Kranken-, Hilfs- und Sterbekassen zu beziehenden Hebungen, soweit nicht eine andere gesetzliche Regelung getroffen ist;
5. das Diensteinkommen der Angehörigen mobiler Verbände.

§ 850 h

Die Vorschriften der Versicherungs-, Versorgungs- und sonstigen Gesetze über die Pfändung von Ansprüchen bestimmter Art bleiben unberührt.

4. Gesetz über die Angelegenheiten der freiwilligen Gerichtsbarkeit

(RGBl. 1898, Teil I, S. 771)

§ 167

Für die gerichtliche Beurkundung eines Rechtsgeschäfts sowie für die gerichtliche Beglaubigung eines Handzeichens sind die Amtsgerichte zuständig.

Für die öffentliche Beglaubigung einer Unterschrift sind außer den Notaren die Amtsgerichte zuständig. Das gleiche gilt für die Aufnahme der im § 1718 und im § 1720 Abs. 2 des Bürgerlichen Gesetzbuchs vorgesehenen öffentlichen Urkunden über die Anerkennung der Vaterschaft; für die Aufnahme dieser Urkunden ist, wenn die Anerkennung der Vaterschaft bei der Anzeige der Geburt des Kindes oder bei der Eheschließung seiner Eltern erfolgt, auch der Standesbeamte zuständig, welcher die Geburt oder die Eheschließung beurkundet.

§ 168

Für die gerichtliche und die notarielle Beurkundung eines Rechtsgeschäfts gelten, unbeschadet der Vorschriften des Bürgerlichen Gesetzbuchs über die Errichtung von Testamenten und Erbverträgen, die §§ 169—182. Als Beteiligter im Sinne der §§ 169—182 ist derjenige anzusehen, dessen Erklärung beurkundet werden soll.

§ 169

Ist ein Beteiligter nach der Überzeugung des Richters oder des Notars taub, blind, stumm oder sonst im Sprechen verhindert, so muß der Richter einen Urkundsbeamten der Geschäftsstelle oder zwei Zeugen, der Notar einen zweiten Notar oder zwei Zeugen zuziehen.

§ 170

Als Richter, Notar, Urkundsbeamter der Geschäftsstelle oder Zeuge kann bei der Beurkundung nicht mitwirken:

1. wer selbst Beteiligter ist sowie derjenige, für welchen ein Beteiligter als Vertreter handelt;
2. der Ehegatte eines Beteiligten, auch wenn die Ehe nicht mehr besteht;

3. wer mit einem Beteiligten in gerader Linie oder im zweiten Grade der Seitenlinie verwandt oder verschwägert ist;
4. wer zu demjenigen, für welchen ein Beteiligter als Vertreter handelt, in einem Verhältnisse der unter Nr. 2, 3 bezeichneten Art steht.

§ 171

Als Richter, Notar, Urkundsbeamter der Geschäftsstelle oder Zeuge kann bei der Beurkundung nicht mitwirken:
1. derjenige, zu dessen Gunsten in der Urkunde eine Verfügung getroffen wird;
2. wer zu demjenigen, zu dessen Gunsten in der Urkunde eine Verfügung getroffen wird, in einem Verhältnisse der im § 170 Nr. 2, 3 bezeichneten Art steht.

Die Mitwirkung einer hiernach ausgeschlossenen Person hat zur Folge, daß die Beurkundung insoweit nichtig ist, als sie eine Verfügung zugunsten einer der im Abs. 1 Nr. 1, 2 bezeichneten Personen zum Gegenstande hat.

§ 172

Als Urkundsbeamter der Geschäftsstelle oder zweiter Notar oder Zeuge kann bei der Beurkundung nicht mitwirken, wer zu dem Richter oder dem beurkundenden Notar in einem Verhältnisse der im § 170 Nr. 2, 3 bezeichneten Art steht.

§ 173

Als Zeuge soll bei der Beurkundung nicht mitwirken:
1. ein Minderjähriger;
2. wer der bürgerlichen Ehrenrechte für verlustig erklärt ist, während der Zeit, für welche die Aberkennung der Ehrenrechte erfolgt ist;
3. wer nach den Vorschriften der Strafgesetze unfähig ist, als Zeuge eidlich vernommen zu werden;
4. wer als Gesinde oder Gehilfe im Dienste des Richters oder des beurkundenden Notars steht.

§ 174

Die bei der Beurkundung mitwirkenden Personen müssen bei der Vorlesung, Genehmigung und Unterzeichnung der Urkunde zugegen sein.

§ 175

Über die Verhandlung muß ein Protokoll in deutscher Sprache aufgenommen werden.

§ 176

Das Protokoll muß enthalten:
1. Ort und Tag der Verhandlung;
2. die Bezeichnung der Beteiligten und der bei der Verhandlung mitwirkenden Personen;
3. die Erklärung der Beteiligten.

Wird in der Erklärung auf eine Schrift Bezug genommen und diese dem Protokoll als Anlage beigefügt, so bildet sie einen Teil des Protokolls.

Das Protokoll soll eine Angabe darüber enthalten, ob der Richter oder der Notar die Beteiligten kennt oder, sofern dies nicht der Fall ist, in welcher Weise er sich Gewißheit über ihre Persönlichkeit verschafft hat. Kann er sich diese Gewißheit nicht verschaffen, wird aber gleichwohl die Aufnahme der Verhandlung verlangt, so sollen der Sachverhalt und dasjenige, was zur Feststellung der Persönlichkeit beigebracht ist, in das Protokoll aufgenommen werden.

§ 177

Das Protokoll muß vorgelesen, von den Beteiligten genehmigt und von ihnen eigenhändig unterschrieben werden. Im Protokolle muß festgestellt werden, daß dies geschehen ist. Das Protokoll soll den Beteiligten auf Verlangen auch zur Durchsicht vorgelegt werden.

Erklärt ein Beteiligter, daß er nicht schreiben könne, so muß diese Erklärung im Protokolle festgestellt werden. Bei der Vorlesung und der Genehmigung muß der Richter oder der Notar einen Zeugen zuziehen. In den Fällen des § 169 bedarf es dieser Zuziehung nicht; das gleiche gilt, wenn in anderen Fällen ein Urkundsbeamter der Geschäftsstelle oder ein zweiter Notar zugezogen wird.

Das Protokoll muß von den mitwirkenden Personen unterschrieben werden.

§ 178

Ist nach der Überzeugung des Richters oder des Notars ein Beteiligter stumm oder sonst am Sprechen verhindert und eine schriftliche Verständigung mit ihm nicht möglich, so muß bei der Beurkundung ein vereideter Dolmetscher zugezogen werden.

Im Protokolle muß festgestellt werden, daß der Richter oder der Notar die Überzeugung gewonnen hat, daß der Beteiligte am Sprechen verhindert und eine schriftliche Verständigung mit ihm nicht möglich ist. Das Protokoll muß von dem Dolmetscher genehmigt und unterschrieben werden.

Der Zuziehung eines Zeugen, eines Urkundsbeamten der Geschäftsstelle oder eines zweiten Notars bedarf es in diesem Falle nicht.

§ 179

Erklärt ein Beteiligter, daß er der deutschen Sprache nicht mächtig sei, so muß bei der Beurkundung ein vereideter Dolmetscher zugezogen werden. Der Zuziehung des Dolmetschers bedarf es nicht, wenn der Richter oder der Notar der Sprache, in der sich der Beteiligte erklärt, mächtig ist; die

Beeidigung des Dolmetschers ist nicht erforderlich, wenn der Beteiligte darauf verzichtet.

Das Protokoll muß dem der deutschen Sprache nicht mächtigen Beteiligten durch den Dolmetscher oder, wenn ein Dolmetscher nicht zugezogen worden ist, durch den Richter oder den Notar in der fremden Sprache vorgetragen werden und die Feststellung enthalten, daß dies geschehen ist.

Im Protokoll muß festgestellt werden, daß der Beteiligte der deutschen Sprache nicht mächtig ist.

Der Dolmetscher muß das Protokoll unterschreiben.

Eine Beurkundung ist nicht aus dem Grunde unwirksam, weil den Vorschriften des Abs. 1 zuwider die Zuziehung eines Dolmetschers unterblieben ist.

§ 180

Auf den Dolmetscher finden die nach den §§ 170 bis 173 für einen Zeugen geltenden Vorschriften entsprechende Anwendung.

§ 181

Bei der gerichtlichen oder notariellen Beurkundung von Versteigerungen gelten Bieter nicht als Beteiligte; ausgenommen sind solche Bieter, die an ihr Gebot gebunden bleiben. Entfernt sich ein solcher Bieter vor dem Schlusse der Verhandlung, so genügt an Stelle seiner Unterschrift die Angabe des Grundes, aus welchem sie unterblieben ist.

§ 182

Die Ausfertigung der Protokolle über die gerichtliche Beurkundung eines Rechtsgeschäfts ist von dem Urkundsbeamten der Geschäftsstelle zu unterschreiben und mit dem Gerichtssiegel zu versehen.

Auf Antrag können die Protokolle auch auszugsweise ausgefertigt werden.

§ 183

Die gerichtliche oder notarielle Beglaubigung einer Unterschrift darf nur erfolgen, wenn die Unterschrift in Gegenwart des Richters oder des Notars vollzogen oder anerkannt wird.

Die Beglaubigung geschieht durch einen unter die Unterschrift zu setzenden Vermerk. Der Vermerk muß die Bezeichnung desjenigen, welcher die Unterschrift vollzogen oder anerkannt hat, enthalten und den Ort und den Tag der Ausstellung angeben sowie mit Unterschrift und Siegel oder Stempel versehen sein.

Diese Vorschriften finden auf die gerichtliche oder notarielle Beglaubigung eines Handzeichens entsprechende Anwendung.

Anlage VI

Bestimmungen über den Nachweis arischer Abstammung für den Eintritt in die Wehrmacht

Als nichtarisch gilt, wer von nicht arischen, insbesondere jüdischen Eltern oder Großeltern abstammt. Es genügt, wenn ein Elternteil oder Großelternteil nicht arisch ist. Dies ist insbesondere dann anzunehmen, wenn ein Elternteil oder ein Großelternteil der jüdischen Religion angehört hat. Als Abstammung gilt auch die außereheliche Abstammung. Durch die Annahme an Kindes Statt wird ein Eltern- und Kindesverhältnis im Sinne dieser Verfügung jedoch nicht begründet.

Der Nachweis arischer Abstammung ist durch Vorlage von Urkunden (Geburtsurkunden oder Heiratsurkunde der Eltern) zu erbringen. Kann die arische Abstammung infolge der Unmöglichkeit, die erforderlichen Urkunden beizubringen, nicht vollständig nachgewiesen werden, oder ist die arische Abstammung sonst zweifelhaft, so ist in jedem Falle ein Gutachten des beim Reichsminister des Innern bestellten Sachverständigen für Rasseforschung einzuholen. Auf Antrag des für die Annahme zuständigen Truppenteils entscheidet bei Offizier- und Beamtenanwärtern der Reichswehrminister[1]), sonst der nächsthöhere Vorgesetzte, ob die arische Abstammung nach den vorhandenen Unterlagen anerkannt wird (HVBl. 1934 S. 131 Nr. 389).

Das uneheliche Kind einer Arierin gilt als nichtarisch im Sinne des § 3 BBG., § 1a Reichsbeamtengesetz in der Fassung des Gesetzes vom 30. 6. 1933, wenn sein Vater oder dessen Vater oder Mutter nichtarisch war. Geben standesamtliche Register, Gerichtsakten usw. keinen Aufschluß und ist auch sonst nicht nachzuweisen, wer der Vater war, so wird ein uneheliches Kind bei arischer Herkunft mütterlicherseits bis zum Beweise des Gegenteils oder wenn nicht die besonderen Umstände des Falls dagegen sprechen, als arisch anzusehen sein (Rundschreiben des Reichsm. d. Innern vom 10. 7. 34 — IV 6071/6. 7. — HVBl. 1934 S. 138 Nr. 407).

---

[1]) Reichskriegsminister (§ 3 (2) WG).

Anlage VII

Bestimmungen für den Eintritt als Freiwilliger in das Heer[1])

(Herausgegeben vom Reichswehrministerium — Heeresleitung — Ausgabe April 1935)

Wann
erfolgt die nächste Einstellung ins Reichsheer?

Am 1. November 1935.

Wer
kann eingestellt werden?

Bevorzugt eingestellt werden Bewerber vom vollendeten **21. bis 25. Lebensjahr.** Jedoch können ausnahmsweise auch Bewerber vom vollendeten 18. bis 20. Lebensjahr, wenn sie besonders geeignet sind und länger als 1 Jahr im Heer dienen wollen, eingestellt werden.

Voraussetzung für die Einstellung ist, daß der Bewerber

a) die deutsche Staatsangehörigkeit (Reichsangehörigkeit) besitzt,
b) unbescholten ist,
c) die Gewähr bietet, daß er jederzeit rückhaltlos für den nationalen Staat eintritt,
d) unverheiratet ist,
e) arischer Abstammung ist,
f) nach heeresärztlichem Urteil tauglich für das Heer ist.

Mindestgröße möglichst nicht unter 1,60 m. Notwendige Zahnbehandlung ist vor der Einstellung durchzuführen.

Bewerber, die Dienst im freiwilligen Arbeitsdienst mit Erfolg abgeleistet haben, werden bevorzugt.

Bewerber, die diesen Bedingungen nicht entsprechen, können nicht eingestellt werden.

Für Offizieranwärter, Sanitätsoffizieranwärter, Veterinäroffizieranwärter, Anwärter für die Heeresbeamten-(Einheit-)-laufbahn und die Sonderlaufbahnen im Reichsheere gelten besondere Bestimmungen, die bei der nächsten Reichswehrwerbestelle angefordert werden können.[2])

Was
erhält der Soldat?

Während seiner Dienstzeit erhält der Soldat neben freier Unterkunft, Verpflegung, Bekleidung und Heilfürsorge eine angemessene Besoldung.

---

[1]) Weiteren Aufschluß geben die Heeres-Ergänzungsbestimmungen (HEB) HDr. 477.
[2]) Vgl. Anlagen VIII bis XII.

Dienstzeit: 1. 11. 1935 bis 30. 9. 1936. Soldaten mit guten Leistungen wird nach Ablauf dieser Zeit die Möglichkeit geboten werden, sich vom 1. 10. 1936 ab zu längerer Dienstzeit im Reichsheere zu verpflichten. Die Verlängerung der Verpflichtung ist unter Umständen bis zu einer Gesamtdienstzeit von 12 Jahren möglich. Die Zahl der auf längere Zeit zu Verpflichtenden wird sich nach dem hierfür vorliegenden Bedarf des Heeres richten.

Im Falle des Ausscheidens am 30. 9. 1936 erhalten die im Herbst 1935 Eingestellten:

a) Fahrkostenentschädigung für die Rückkehr nach dem bisherigen Wohnort oder zur Arbeitsstelle,
b) einen Berechtigungsschein für bevorzugte Arbeitszuweisung.

Den am 30. 9. 1936 in Ehren Ausscheidenden ist bei ihrer Bewerbung um Arbeitsplätze des öffentlichen Dienstes und der freien Wirtschaft bevorzugte Arbeitszuweisung gesetzlich sichergestellt.[1])

Wo
ist Einstellung möglich?

Soweit freie Stellen verfügbar sind, ist Einstellung bei der Waffengattung (Infanterie, Kavallerie, Artillerie, Pioniere, Nachrichtentruppe, Kraftfahrtruppe, Fahrtruppe, Sanitätstruppe) und dem Truppenteil möglich, bei welchem der Bewerber dienen will.

Wie
wird man eingestellt?

Man meldet sich bei der für den Wohnort zuständigen Reichswehrwerbestelle oder bei dem Truppenteil, bei dem man dienen will. Falls die Reichswehrwerbestelle nicht bekannt ist, ist sie bei der Ortspolizeibehörde zu erfragen.

Meldung: Jederzeit, spätestens bis 15. 6. 1935. Die Meldung darf nur bei einer Stelle erfolgen.

Einstellungsanträge bei höheren militärischen oder staatlichen Dienststellen sind zwecklos. Sie werden ohne Bescheid dem Bewerber zurückgeschickt.

Die Meldung erfolgt am besten schriftlich unter Angabe der genauen Anschrift des Bewerbers. Alles Weitere erfährt der Bewerber durch die für seinen Wohnort zuständige Reichswehrwerbestelle, die die Annahme durchführt.

---

[1]) Vgl. § 32 WG.

Anlage VIII

Bestimmungen für den Eintritt als Fahnenjunker in das Heer[1])

(Herausgegeben vom Reichswehrministerium — Heeresleitung — Januar 1935)

Die Offiziere des Reichsheeres ergänzen sich aus Freiwilligen, die bei tadelloser Führung durch ihre militärischen Fähigkeiten, Charakterveranlagung und ihren Persönlichkeitswert besonders hervortreten und nach Ansicht ihrer Vorgesetzten die Eigenschaften besitzen, die von einem späteren Offizier als Führer und Erzieher gefordert werden müssen.

Voraussetzung für die Einstellung als Fahnenjunker ist der Besitz des Reifezeugnisses einer Vollanstalt.

Die Anmeldung erfolgt in der Zeit vom 1. 1. bis 31. 3. desjenigen Kalenderjahres, das dem Eintrittsjahr vorausgeht. Sie ist zu richten an den Kommandeur des Truppenteils, bei dem der Bewerber eingestellt zu werden wünscht. Anmeldungen bei mehreren Truppenteilen bzw. verschiedenen Waffengattungen sind unzulässig.

Gesuche an das Reichswehrministerium[2]) um Zuteilung an bestimmte Truppenteile können keine Berücksichtigung finden, auch können Angaben über freie Stellen nicht gemacht werden, da die Ersatzlage dauernden Schwankungen unterworfen ist.

Dem Bewerbungsgesuch sind beizufügen:

1. Geburtsurkunde (standesamtliche Ausfertigung), Taufschein genügt nicht.
2. Zwei Lichtbilder (Paßbild).
3. Letztes Schulzeugnis, gegebenenfalls das Reifezeugnis.
4. Eine schriftliche, amtlich beglaubigte, vorbehaltlose Einwilligung des gesetzlichen Vertreters (Vater, Mutter oder Vormund) zum Dienst in der Wehrmacht.
5. Ein selbstverfaßter und selbstgeschriebener Lebenslauf.
6. Urkunden zum Nachweis der arischen Abstammung (Heiratsurkunde oder Geburtsurkunden der Eltern, aus denen die Religionszugehörigkeit bis zu den Großeltern ersichtlich ist).

---

[1]) Nicht gültig für Reichsmarine.
[2]) Reichskriegsministerium (§ 3 (2) WG).

7. Angabe von 3 Anschriften, bei denen der Truppenteil Auskünfte über den Bewerber und die Familie einholen kann.
8. Genaue Angaben darüber, ob in früheren Jahren ein Bewerbungsgesuch um Einstellung als Offizier-, Sanitäts-, Veterinär- oder Seeoffizieranwärter bzw. für eine sonstige Laufbahn innerhalb der Wehrmacht vorgelegt ist, unter Mitteilung der Gründe, die eine Einstellung nicht ermöglichten; desgleichen ist anzugeben, ob, wann und wo bereits eine psychologische Prüfung bei einer Prüfstelle der Wehrmacht stattgefunden hat.

Neben der erforderlichen Schulbildung ist für die Einstellung Bedingung:

Besitz der deutschen Staatsangehörigkeit, arische Abstammung[3]), nationale Gesinnung, nach heeresärztlichem Urteil tauglich, unbescholten, unverheiratet, sittlich, geistig und körperlich hervorragend, mindestens 1,65 m groß.

Brillenträger und Bewerber, die das vorgeschriebene Mindestmaß nicht ganz besitzen, werden nur ausnahmsweise eingestellt.

Die Zähne müssen vor der Einstellung instandgesetzt sein.

Bewerber mit Verdacht auf Lungentuberkulose können nicht berücksichtigt werden.

Auf Röntgenbefund gestütztes Zeugnis einer Lungenfürsorgestelle kann vor der Annahme- oder Einstellungsuntersuchung verlangt werden.

Bewerber soll am Einstellungstage möglichst nicht älter als 22 Jahre sein. Ausnahmen können nur bei geringer Überschreitung der Altersgrenze gemacht werden, unter der Voraussetzung, daß seitens des Truppenteils auf den Bewerber besonderer Wert gelegt wird.

Nach erfolgter Anmeldung erhalten die Bewerber, soweit der Truppenteil eine Durchführung des Einstellungsverfahrens beabsichtigt, eine Aufforderung, sich bei ihrem Truppenteil zur Vorstellung und ärztlicher Untersuchung zu melden. Die Kosten für Reise und Verpflegung hat der Bewerber selbst zu tragen. Die Unterbringung kann, wenn es gewünscht wird, kostenlos in der Kaserne erfolgen.

Im Laufe der nächsten Monate erfolgt bei den Freiwilligen, die seitens des Reichs**wehr**ministeriums[4]) auf Grund guter Beurteilung der Truppenteile in die engere Wahl genommen werden, die Einberufung zum Ablegen der psychologischen Prüfung bei einer der Prüfeinrichtungen der Wehrmacht. Hin- und Rückfahrt (III. Klasse in Personenzügen) wird

---

[3]) Siehe Anlage VI.

[4]) Reichs**kriegs**ministerium (§ 3 (2) WG).

erstattet. Unterbringung kann auf Wunsch kostenlos in einer Kaserne erfolgen. Kosten für Verpflegung hat der Bewerber selbst zu tragen. Die Prüfung, deren Ergebnis mitentscheidend für die Einstellung ist, dauert 2 Tage und hat den Zweck, über die geistigen Fähigkeiten, die Willenskraft und den Charakter des Bewerbers einen Eindruck zu gewinnen.

Für Schäden, die anläßlich des Ablegens der verschiedenen Prüfungen entstehen, haftet das Reichswehrministerium[1]) nicht.

Einstellungen als Fahnenjunker erfolgen nur einmal im Jahr, und zwar im April.

Für die Ausbildung des Offiziernachwuchses bis zur Beförderung zum Offizier stehen 2 Jahre zur Verfügung, die sich in Ausbildung in der Front, auf Schulen und Sonderlehrgängen der einzelnen Waffen gliedern.

Vor der Beförderung hat sich der Anwärter zu 25jähriger Dienstzeit im Heere zu verpflichten.

Während seiner Ausbildungszeit ist der Fahnenjunker hinsichtlich geldlicher und Natural-Gebührnisse so gestellt, daß er auskommen kann. Eine geringe gelegentliche oder regelmäßige private Beihilfe ist erwünscht.

Ein Zuschuß von 700—800 RM für die erste Offizierausstattung muß vorhanden oder durch Einzahlungen auf ein Sparkonto sichergestellt sein.

Den Offizierberuf soll nur der ergreifen, der von dessen hohen, idealen Aufgaben für Staat und Volk durchdrungen ist.

Führer und Erzieher zur Wehrhaftigkeit zu werden, erfordert ganze Männer, die sich ihrem Beruf mit selbstloser Hingabe widmen.

Die Wehrmacht verlangt angesichts der Zusammenstellung, Stellung im Staate sowie der im Krieg gemachten Erfahrungen ein auf besonders hoher Stufe stehendes Offizierkorps. Diesen Anforderungen wird nur entsprechen, wer sich aus innerer Neigung dem Offizierberufe zuwendet und für ihn voll geeignet ist. Wer ihn ohne diese Voraussetzungen ergreift, wird sich schweren Enttäuschungen aussetzen.

Nicht dringend genug können junge Leute vor dem Entschluß zu diesem Berufe gewarnt werden, die hoffen, mit wenig Arbeit schnell zu einer angesehenen Stellung zu gelangen.

Fahnenjunker, bei denen sich herausstellt, daß sie wegen körperlicher, geistiger oder moralischer Mängel die volle Eignung zum Offizier nicht erlangen werden, scheiden so früh wie möglich aus. Hierüber muß sich jeder, der die Offizierlaufbahn einschlägt, im klaren sein.

Die vorzeitige Lösung des Dienstvertrages ist in diesen Fällen statthaft.

Anlage IX

Bestimmungen für die Sanitätsoffizierlaufbahn[1])

Herausgegeben April 1935

Die Sanitätsoffiziere ergänzen sich aus Freiwilligen, die nicht nur die nötige Befähigung und Hingabe für den ärztlichen Beruf, sondern auch nach körperlicher Eignung, Charakteranlagen und Persönlichkeitswert die Eigenschaften besitzen, die von einem späteren Offizier als Führer und Erzieher gefordert werden müssen.

Die Tätigkeit des Sanitätsoffiziers umfaßt die ärztliche Versorgung und Überwachung der Truppe in weitestem Umfange des Wortes, sie erstreckt sich ferner auf die ärztliche Behandlung der Familienangehörigen der Soldaten und besteht in den höheren Stellen neben der ärztlichen Tätigkeit auch in Verwaltungs- und organisatorischer Arbeit, Leitung von Lazaretten, Sanitätsformationen usw.

Voraussetzung für die Einstellung als Fahnenjunker (im San.-Korps):

1. Besitz der Staatsangehörigkeit des Deutschen Reiches,
2. Lebensalter nicht über 21 Jahre,
3. Besitz des Reifezeugnisses einer höheren Lehranstalt, das nach § 6 der Prüfungsordnung für Ärzte zum Medizinstudium berechtigt
   (fehlende Lateinkenntnisse müssen bis zum Schluß des 2. Semesters erworben werden. Verpflichtungserklärung erforderlich),
4. uneingeschränkte Tauglichkeit für den Heeresdienst und geeignete körperliche Anlagen für den heeresärztlichen Beruf
   (Die Zähne müssen vor Einstellung instand gesetzt sein. Bewerber mit Verdacht auf Lungentuberkulose können nicht berücksichtigt werden; ein auf Röntgenbefund gestütztes Zeugnis einer Lungenfürsorgestelle kann vor der Annahme- oder Einstellungsuntersuchung verlangt werden),
5. arische Abstammung[2]).

---

[1]) Nicht gültig für Reichsmarine; gültig für Heer und Reichsluftwaffe. Übertritt zu dieser erst während der Ausbildung.

[2]) Siehe Anlage VI.

Die Anmeldung erfolgt in der Zeit vom 1. Januar bis 31. März desjenigen Kalenderjahres, das dem Eintrittsjahr vorausgeht, also in der Regel als Unterprimaner. Eingestellt werden nur Bewerber, die unmittelbar vorher die Reifeprüfung bestanden haben.

Bewerbungsgesuche sind schriftlich vom Vater oder dem gesetzlichen Vertreter an den örtlich nächsten Wehrkreisarzt (I: Königsberg, II: Stettin, III: Berlin, IV: Dresden, V: Stuttgart: VI: Münster i. W., VII: München, VIII: Breslau, IX: Kassel, X: Hamburg) zu richten.

Dem Gesuche sind beizufügen:

1. Geburtsurkunde des Bewerbers (standesamtliche Ausfertigung), Taufschein genügt nicht,
2. zwei beglaubigte Lichtbilder (kein Profilbild),
3. bei Minderjährigen die schriftliche, amtlich beglaubigte, vorbehaltlose Einwilligung des gesetzlichen Vertreters zum Dienst in der Wehrmacht,
4. Verpflichtung des Vaters oder des gesetzlichen Vertreters, daß er gewillt und in der Lage ist, die Kosten für die Ausbildung usw. zu tragen (vorgeschriebener Wortlaut; wird bei Anmeldung zugesandt),
5. ein ausführlicher selbstgeschriebener Lebenslauf (Muster wird bei Anmeldung zugesandt),
6. das letzte Klassen-Schulzeugnis,
   außerdem ist ein Zeugnis des Direktors der Schule vorzulegen, das sich über den Grad der Befähigung des Bewerbers, besonders hinsichtlich des Studiums und über seinen Charakter (geistige Regsamkeit, Neigung zu selbständiger Tätigkeit) zu äußern hat. Dieses Zeugnis ist dem Wehrkreisarzt durch den Schuldirektor unmittelbar in verschlossenem Umschlag zuzustellen;
7. von Schülern der Oberrealschule eine Verpflichtung, die geforderten Kenntnisse der lateinischen Sprache zu erwerben,
8. Angabe der Anschriften von mindestens 3 Vertrauenspersonen, die über den Bewerber Auskunft erteilen können,
9. Erklärung der Schuldenfreiheit des Bewerbers und des Vaters oder dessen gesetzlichen Vertreters,
10. genaue Angaben darüber, ob bereits ein Bewerbungsgesuch um Einstellung als Offizier-, Sanitäts-, Veterinär- oder Seeoffizier-Anwärter bzw. für eine sonstige Laufbahn innerhalb der Wehrmacht vorgelegt ist, unter Angabe der Gründe, die eine Einstellung nicht ermöglichten; desgleichen ist anzugeben, ob, wann und wo bereits eine

psychologische Prüfung bei einer Prüfstelle der Wehrmacht stattgefunden hat,

11. Urkunden zum Nachweis der arischen Abstammung bis Großeltern einschl.

Nach Anmeldung erhalten die Bewerber eine Mitteilung, wann und bei welcher Dienststelle sie sich zu ärztlicher Untersuchung und persönlicher Vorstellung einzufinden haben. Kosten für dadurch etwa notwendig werdende Reise und Verpflegung hat der Bewerber selbst zu tragen. Unterbringung kann, wenn es gewünscht wird, kostenlos in einer Kaserne erfolgen.

Im Laufe der nächsten Monate erfolgt bei den in die engere Wahl kommenden Freiwilligen die Einberufung zur psychologischen Prüfung bei einer der Prüfeinrichtungen der Wehrmacht. Hin- und Rückfahrt (III. Klasse in Personenzügen) wird erstattet. Unterbringung kann auf Wunsch kostenlos in einer Kaserne erfolgen. Kosten für Verpflegung hat der Bewerber selbst zu tragen. Die Prüfung, deren Ergebnis mitentscheidend für die Einstellung ist, dauert 2 Tage und hat den Zweck, über die geistigen Fähigkeiten, die Willenskraft und den Charakter des Bewerbers einen Eindruck zu gewinnen.

Die Entscheidung über alle Gesuche trifft der Sanitätsinspekteur. Die Gründe etwaiger Ablehnungen werden nicht angegeben.

Einstellungen als Fahnenjunker (im San.-Korps) erfolgen nur einmal im Jahr, und zwar im April. Die Ausbildung umfaßt:

1. eine sechsmonatige Ausbildung mit der Waffe bei einem Infanterie-Truppenteil
   (als Abschluß muß ein militärisches Dienstleistungszeugnis erlangt werden, anderenfalls erfolgt Entlassung),
2. das medizinische Studium an der Universität Berlin, die medizinischen Prüfungen und das für Mediziner vorgeschriebene praktische Jahr. In besonderen Fällen kann Genehmigung zu vorübergehendem Aufenthalt an anderen Universitäten erteilt werden,
3. militärische und heeresärztliche Fortbildung in den Hochschulferien nach näherer Anweisung der Heeresleitung.

Das medizinische Studium ist das gleiche wie für alle Medizinstudierenden. Die Belegung der in der Prüfungsordnung für Ärzte geforderten Vorlesungen wird verlangt. Die Prüfungen sind zu den vorgeschriebenen Zeiten abzulegen. Das praktische Jahr ist in einer Klinik, einem Krankenhaus, Lazarett usw. nach Anweisung der Heeresleitung abzuleisten.

Die Fahnenjunker (im San.-Korps) bleiben auch während des eigentlichen Studiums Soldaten. Sie werden in der Militärärztlichen Akademie in Berlin untergebracht und erhalten die Gebührnisse ihres Dienstgrades weiter, müssen aber alle Kosten des Studiums (Vorlesungen, Prüfungen, Promotion, Bücher, Instrumente usw.) und des Lebensunterhalts selbst tragen. Die dienstgradmäßigen Gebührnisse des Soldaten sind niedrig und kommen daher hierfür nicht wesentlich in Betracht; staatliche Unterstützung zur Bestreitung des Studiums wird nicht gewährt.

Vorlesungen, Kurse usw. werden in bürgerlicher Kleidung besucht.

Die Ausbildung in den Hochschulferien bezweckt die Vervollkommnung und Festigung der bisherigen truppendienstlichen Ausbildung. In den Ferien der letzten Semester herrscht die ärztlich-wissenschaftliche Ausbildung vor (Famulieren).

An Beförderungsmöglichkeiten ist vorgesehen: nach sechs Monaten Beförderung zum Gefreiten, nach acht Monaten Beförderung zum Unteroffizier, nach bestandener ärztlicher Vorprüfung, frühestens nach 16monatiger Dienstzeit, Beförderung zum Fähnrich (im San.-Korps). Nach abgelegter ärztlicher Prüfung soll Beförderung zum Unterarzt folgen, nach Erlangung der Approbation als Arzt Verwendung im Sanitätsdienst der Truppe, Wahl und Beförderung zum Assistenzarzt (durchschnittlich nach 2—3 Monaten). Hierzu muß ein Zuschuß von 700—800 RM für die erste Offizierausstattung vorhanden oder durch Einzahlungen auf ein Sparkonto sichergestellt sein.

Fahnenjunker (im San.-Korps), bei denen sich herausstellt, daß sie wegen körperlicher, geistiger oder moralischer Mängel die volle Eignung zum San.-Offizier nicht erlangen werden, müssen ausscheiden, und zwar so früh wie möglich. Hierüber muß sich jeder, der die San.-Offizierlaufbahn einschlägt, im klaren sein.

Die vorzeitige Lösung des Dienstvertrages ist in diesen Fällen statthaft.

Anlage X

Bestimmungen für die Veterinäroffizierlaufbahn

(Herausgegeben vom Reichswehrministerium — Heeresleitung — März 1935.)

Als Fahnenjunker (im Veterinärkorps) können in das Heer eingestellt werden:

I. Freiwillige, die das Reifezeugnis besitzen, und

II. Freiwillige, die die Approbation als Tierarzt besitzen.

An die Veterinäroffiziere werden hohe Anforderungen in moralischer, körperlicher und fachtechnischer Hinsicht gestellt. Daher ist nur der für diesen Beruf geeignet, der außer einer guten Veranlagung zum Soldatenberuf vornehme Gesinnung, Taktgefühl, geistige Regsamkeit, Berufsliebe besitzt und sich dem Studium und seiner Fortbildung mit großem Eifer widmet.

Wer sich dem Berufe eines Veterinäroffiziers nur aus äußeren oder wirtschaftlichen Gründen zuwendet, wird den hohen dienstlichen Anforderungen, die an ihn gestellt werden, auf die Dauer nicht gewachsen sein und sich Enttäuschungen aussetzen.

A. Ausbildung der Veterinäroffizieranwärter mit Reifezeugnis

Sie umfaßt:

a) eine etwa siebenmonatige Ausbildungszeit mit der Waffe bei einem berittenen Truppenteil;

b) das neun Semester umfassende tierärztliche Studium und die tierärztliche Prüfung im zehnten Semester, anschließend drei Monate Ausbildung in der Schlachtvieh- und Fleischbeschau sowie in der Lebensmittelüberwachung;

c) militärische Fortbildung und militärveterinäre Übungen in einem Teil der Hochschulferien zwischen den Studiensemestern;

d) nach Ablegung der tierärztlichen Prüfung einen halbjährigen Lehrgang bei der Militärlehrschmiede Berlin mit gleichzeitiger Fortbildung am Heeresveterinäruntersuchungsamt;

e) eine mindestens zweimonatige Probedienstzeit als Unterveterinär bei einem berittenen Truppenteil.

Beförderungsmöglichkeiten während dieser Ausbildungszeit sind vorhanden.

Der Fahnenjunker muß die Dienstverpflichtung der Soldaten eingehen. Alle Vorschriften und Bestimmungen für die Soldaten des Reichsheeres gelten auch für ihn. Während der Studienzeit bleibt er Soldat und bezieht die Gebührnisse seines Dienstgrades. Die Kosten des eigentlichen tierärztlichen Studiums hat er selbst zu tragen. Die Belegung der Pflichtvorlesungen usw. und die rechtzeitige Ablegung der Prüfungen wird von ihm gefordert.

Mit der Beförderung zum Veterinär muß die Verpflichtung zu einer weiteren ununterbrochenen Dienstzeit als Veterinäroffizier von 25 Jahren eingegangen werden.

Stellt sich im Laufe der Ausbildung heraus, daß der Fahnenjunker zum Veterinäroffizier nicht geeignet ist, wird der Dienstvertrag gelöst.

Die Bedingungen für die Annahme sind:

Deutsche Staatsangehörigkeit und arische Abstammung[1]),

volle Tauglichkeit für den Heeresdienst (Brillenträger werden nur ausnahmsweise eingestellt); Körpergröße mindestens 1,65 m, größere Bewerber und Freischwimmer bevorzugt; die Zähne müssen vor der Einstellung instandgesetzt sein, Träger künstlichen Zahnersatzes werden nicht eingestellt,

Bewerber mit Verdacht auf Lungentuberkulose können nicht berücksichtigt werden. Ein auf Röntgenbefund gestütztes Zeugnis einer Lungenfürsorgestelle kann vor der Annahme- oder Einstellungsuntersuchung verlangt werden,

Lebensalter nicht über 21 Jahre,

Besitz des Reifezeugnisses[2]),

Verpflichtung des Vaters oder gesetzlichen Vertreters, dem Anwärter die Mittel zu gewähren, deren er neben seinen Gebührnissen als Soldat bedarf zur Bestreitung seines Studiums usw.,

Schuldenfreiheit des Bewerbers.

Die Anwärter werden jedes Jahr im April eingestellt.

Die Anmeldung erfolgt nur in der Zeit vom 1. Januar bis 31. März des dem Einstel-

---

[1]) Siehe Anlage VI.

[2]) Inhaber des Reifezeugnisses einer Oberrealschule oder einer Aufbauschule haben nachzuweisen, daß sie in der lateinischen Sprache die Kenntnisse besitzen, die für die Versetzung nach Obersekunda eines Realgymnasiums erforderlich sind. Als Nachweis hierfür dient entweder ein mindestens genügendes Urteil im Lateinischen im Reifezeugnis einer Oberrealschule oder einer Aufbauschule mit wahlfreiem Lateinunterricht oder ein auf Grund einer Prüfung ausgestelltes Zeugnis des Leiters eines Gymnasiums oder Realgymnasiums innerhalb des Deutschen Reiches.

lungsjahr vorausgehenden Kalenderjahres bei dem örtlich nächsten Wehrkreisveterinär (Königsberg [Pr.], Stettin, Berlin, Dresden, Stuttgart Münster [Westf.], München, Breslau, Kassel und Hamburg). Anmeldungen bei mehreren Wehrkreisveterinären sind unzulässig.

Dem Gesuche sind beizufügen:

a) Geburtsurkunde (standesamtliche Ausfertigung), Taufschein genügt nicht; Urkunden zum Nachweis der arischen Abstammung (Heiratsurkunde oder Geburtsurkunden der Eltern, aus denen die Religionszugehörigkeit bis zu den Großeltern ersichtlich ist[3]),
b) polizeiliches Führungs- oder Leumundzeugnis mit polizeilich gestempeltem Lichtbild,
c) bei Minderjährigen die schriftliche, amtlich beglaubigte, vorbehaltlose Einwilligung des gesetzlichen Vertreters (Vaters oder Vormundes) zum Dienst im Reichsheer,
d) Verpflichtung des gesetzlichen Vertreters, die Kosten des Studiums usw. zu tragen (siehe Muster 1),
e) Bescheinigung der Schuldenfreiheit des Bewerbers,
f) ein ausführlicher, vom Bewerber selbstgeschriebener Lebenslauf (siehe Muster 2),
g) Genaue Angaben darüber, ob in früheren Jahren ein Bewerbungsgesuch um Einstellung als Offizier-, Sanitäts-, Veterinär- oder Seeoffizieranwärter bzw. für eine sonstige Laufbahn innerhalb der Wehrmacht vorgelegt ist, unter Mitteilung der Gründe, die eine Einstellung nicht ermöglichten; desgleichen ist anzugeben, ob, wann und wo bereits eine psychologische Prüfung bei einer Prüfstelle der Wehrmacht stattgefunden hat,
h) das letzte Klassenschulzeugnis und gegebenenfalls das Reifezeugnis in beglaubigter Abschrift,
i) von Schülern einer Oberrealschule eine Verpflichtung, die geforderten Kenntnisse der lateinischen Sprache noch vor dem Eintritt in das Reichsheer zu erwerben[4]),
k) Angabe von 3 Anschriften, bei denen der Wehrkreisveterinär Auskünfte über den Bewerber und die Familie einholen kann.

Außerdem ist ein Zeugnis des Direktors der Schule vorzulegen, das sich über den Charakter, den Grad der Befähigung des Bewerbers, besonders hinsichtlich geistiger Regsamkeit, Neigung zu selbständiger Tätigkeit, zu äußern hat. Dieses Zeugnis ist dem betreffenden Wehrkreisveterinär durch den

---

[3]) Siehe Anlage VI.

[4]) Ausnahmsweise kann gestattet werden, daß die fehlenden Lateinkenntnisse bis zum Schluß des 2. Semesters erworben werden. Verpflichtungserklärung ist erforderlich.

Schuldirektor unmittelbar in verschlossenem Umschlag zuzustellen.

Die Bewerber erhalten, soweit sie den vorangegangenen Bedingungen entsprechen, eine Aufforderung, sich zur Vorstellung, heeresärztlichen Untersuchung und zu einer Körperleistungsprüfung zu melden. Mitzubringen sind Sporthose, Sporthemd und Sportschuhe. Die Kosten für Reise und Verpflegung hat der Bewerber selbst zu tragen. Die Unterbringung kann, wenn es gewünscht wird, kostenlos in einem Kasernenraum erfolgen. Der Zweck der Körperleistungsprüfung ist die Feststellung der auf Veranlagung beruhenden körperlichen Leistungsfähigkeit.

Im Laufe der nächsten Monate hat der Bewerber eine psychologische Prüfung abzulegen. Er wird hierfür zu einer Eignungsprüfeinrichtung des Reichsheeres einberufen. Hin- und Rückfahrt (III. Klasse in Personenzügen) wird vergütet. Unterbringung kann auf Wunsch kostenlos in einer Kaserne erfolgen. Kosten für Verpflegung hat der Bewerber selbst zu tragen. Die psychotechnische Prüfung dauert zwei Tage und hat den Zweck, die geistigen Fähigkeiten, die Willenskraft und den Charakter des Bewerbers festzustellen.

Die Entscheidung über die Annahme eines Bewerbers trifft etwa im November/Dezember der Veterinärinspekteur, dem es überlassen bleibt, die Bewerber vorher zur persönlichen Vorstellung aufzufordern. Reisekosten werden hierfür nicht erstattet.

Den ausgewählten Bewerbern geht nach Vorlage einer beglaubigten Abschrift des Reifezeugnisses die Gestellungsaufforderung zu.

Die übrigen Bewerber erhalten einen Bescheid über ihre Ablehnung.

B. Ausbildung der Fahnenjunker (im Veterinärkorps) mit Approbation als Tierarzt

Für diese schließt sich an eine etwa siebenmonatige Ausbildungszeit mit der Waffe bei einem berittenen Truppenteil der halbjährige Lehrgang als Unterveterinär bei der Militärlehrschmiede Berlin an. Es folgt die mindestens zweimonatige Probedienstzeit bei der Truppe. Danach Wahl und Beförderung zum Veterinär.

Bedingungen für die Annahme sind:

a) deutsche Staatsangehörigkeit und arische Abstammung,
b) volle Tauglichkeit für den Heeresdienst (vgl. unter A),
c) Lebensalter nicht über 27 Jahre,
d) Besitz der Approbation als Tierarzt,
e) Schuldenfreiheit.

Die Meldungen erfolgen beim örtlich nächsten Wehrkreisveterinär.

Dem Gesuche sind beizufügen die Unterlagen wie unter A für Freiwillige mit Reifezeugnis angegeben, aber ohne c, d, h, i, ferner:

der tierärztliche Approbationsschein in beglaubigter Abschrift und gegebenenfalls das Doktordiplom.

Der Wehrkreisveterinär veranlaßt die heeresärztliche Untersuchung, holt Auskünfte ein und legt das Gesuch dem Veterinärinspekteur vor, der über die Annahme entscheidet.

Bei Annahme erhält der Bewerber eine Gestellungsaufforderung.

Im übrigen gelten sinngemäß die Bestimmungen wie für Freiwillige mit Reifezeugnis unter A.

Muster 1. Erklärung.

Muster 2. Lebenslauf.

Weiteren Aufschluß geben die Offizier-Ergänzungsbestimmungen des Reichsheeres, Teil III (Veterinäroffiziere). Zu beziehen bei E. S. Mittler & Sohn, Berlin SW, Kochstraße 68—71.

Muster 1.

Erklärung

Für den Fall, daß mein Sohn (Mündel) . . . . . .
(Vor- und Zuname)

geb. am . . zu .

als Fahnenjunker (im Veterinärkorps) angenommen werden sollte, erkenne ich hiermit an und erkläre ausdrücklich, daß ich imstande und gewillt bin, alle in den Bestimmungen über die Ergänzung der Veterinäroffiziere des Reichsheeres vorgeschriebenen Bedingungen vollständig und pünktlich zu erfüllen.

Insbesondere verpflichte ich mich, meinem Sohn (Mündel) die Mittel zu gewähren, deren er neben seinen Gebührnissen als Soldat zur Bestreitung seines Studiums bedarf zum Belegen der durch die Prüfungsordnung für Tierärzte vorgeschriebenen Vorlesungen, Kurse usw., zur Beschaffung der nötigen Bücher, Instrumente, Kosten der Prüfungen usw. und zur Bestreitung des Lebensunterhaltes einschl. Kleidung während der Studienzeit und Beihilfe für die erste Einkleidung als Veterinäroffizier.

Zur Bestätigung des Vorstehenden ist die Erklärung von mir eigenhändig unterschrieben.

Ort . . . . . . (Datum) . . . .
(Unterschrift)
(Amtlich zu beglaubigen)

Muster 2.

Lebenslauf

Vor- und Familiennamen (Rufname unterstreichen), Tag, Jahr, Ort, Kreis, Provinz der Geburt.

Religion.

Familienstand (ledig, verlobt, verheiratet, Anzahl der Kinder). Körpergröße und Gewicht, körperliche Fehler, Gesundheitszustand, alle etwa überstandenen erheblichen Krankheiten, vorgekommene Erkrankungen an Tuberkulase, Nerven- und Geisteskrankheiten, Krämpfen und dergleichen bei Eltern, Geschwistern oder nächsten Blutsverwandten.

Familienverhältnisse: Angabe der gegenwärtigen und der früheren Berufs- und Lebensstellungen des Vaters und Wohnort des Vaters (nebst Kreis usw.).

Im Falle des Todes des Vaters oder der Mutter Angabe der Zeit des Todes und der Todesursache; Name, Lebensstellung und Wohnort des Vormundes.

Angabe sämtlicher Geschwister und deren bürgerliche Stellung (auch der etwa verstorbenen nebst Angabe der Todesursache).

Vermögensverhältnisse: Ob der Vater oder die Mutter Gehalt oder Ruhegehalt aus Staats- oder anderen Kassen beziehen, ob der Vater, die Mutter oder der Bewerber selbst entsprechende Einnahmen oder Vermögen besitzen.

Bildungsgang: Welche Schulen hat der Bewerber besucht, welche Unterrichtsgegenstände mit Vorliebe betrieben, welche besonderen Sprach- oder Kunstfertigkeiten sich angeeignet.

Angabe der Gründe der Berufswahl.

Versicherung der wahrheitsgemäßen Angaben.
Ort, Datum.

Eigenhändige Unterschrift.

Anlage XI

Bestimmungen für die Feuerwerkerlaufbahn im Heere

(Herausgegeben von der Heeresfeldzeugmeisterei — Ausgabe 1935 —)

Die Feuerwerker des Reichsheeres sind Unteroffiziere, die bei der Herstellung, Abnahme und Verwaltung des Heeresgeräts und der Munition verwendet werden.

A. Annahmebedingungen

1. Allgemein

Voraussetzung für die Einstellung ist, daß der Bewerber

a) das 18. Lebensjahr vollendet und das 25. Lebensjahr noch nicht überschritten hat,

b) die deutsche Staats- (Reichs-) Angehörigkeit besitzt,

c) die Gewähr bietet, daß er jederzeit rückhaltlos für den nationalen Staat eintritt,

d) unbescholten,

e) unverheiratet,

f) arischer Abstammung[1]),

g) nach heeresärztlichem Urteil tauglich für das Heer ist.

Der erfolgreiche Besuch einer höheren Bildungsanstalt ist nicht erforderlich.

Mindestgröße möglichst nicht unter 1,60 m.

Die Zähne müssen vor der Einstellung instandgesetzt sein. Träger von Zahnersatzstücken (Platten) werden nicht eingestellt.

Bewerber, die im freiwilligen Arbeitsdienst tätig waren, werden bevorzugt.

2. Im besonderen

Bewerber, bei denen es zweifelhaft ist, ob sie in der Lage sein werden, dem Unterricht an der Feuerwerkerschule zu folgen, müssen eine Vorprüfung ablegen.

Zweijährige praktische Tätigkeit in der Metallindustrie oder im Metallhandwerk, und zwar in einem Großbetrieb oder in einer mittleren oder kleineren Werkstatt; Lehre in einem spezialisierten Handwerksbetrieb, wie Bauschlosserei, Klempnerei, Installation, wird nur teilweise anerkannt. Ausbildung in den verschiedenen Werkstattabteilungen (Schmiede, Formerei, Gießerei, Maschinenwartung usw.) sowie Besuch von Gewerbe-,

---

[1]) Siehe Anlage VI.

Fach-, Werk- oder Abendschulen wird angeraten. Beschreibung der vorgenommenen praktischen Arbeiten in besonderen Werkstattbüchern und ihre Erläuterung durch Werkskizzen sowie Einreichung der durch den Meister oder Ingenieur bescheinigten Bücher beim Eintritt in das Heer ist zweckmäßig.

Besitz des Führerscheins für Personen- und Lastkraftwagen ist erwünscht.

B. Eintritt in das Heer und Ausbildung

Die Meldung zum Eintritt in das Reichsheer erfolgt grundsätzlich bei dem Wehrkreiskommando, in dessen Bereich der Bewerber ansässig ist. Bewerber aus den entmilitarisierten Gebieten melden sich bei dem ihrem Wohnsitz am nächsten gelegenen Wehrkreiskommando. Der Sitz des Wehrkreiskommandos kann bei der örtlichen Polizeibehörde erfragt werden. Auslandsdeutsche melden sich über das zuständige Konsulat bei der Heeres-Feldzeug-Abteilung des Reichswehrministeriums[1]), Berlin W 35, Tirpitzufer 80. Die Meldung geschieht am besten schon vor Beginn der praktischen Tätigkeit, damit rechtzeitig festgestellt werden kann, ob noch eine Stelle frei ist und ob der Bewerber körperlich für den Heeresdienst tauglich ist.

Ist der Bewerber noch nicht 18 Jahre alt, soll durch die ärztliche Untersuchung festgestellt werden, ob er bei Vollendung des 18. Lebensjahres in körperlicher und geistiger Hinsicht voraussichtlich tauglich sein wird. Farbenblinde werden nicht eingestellt. Kann bei sehr jungen Bewerbern ärztlich noch kein Urteil abgegeben werden, ob voraussichtlich Tauglichkeit zu erwarten ist, kann die Bewerbung ein Jahr später wiederholt werden.

Auf keinen Fall kann einem Bewerber, der noch nicht praktisch gearbeitet hat, geraten werden, mit der Arbeit zu beginnen, bevor über die Möglichkeit seiner Annahme entschieden ist.

Dem Gesuchsteller wird mitgeteilt, wann und wo er sich zur heeresärztlichen Annahme-Untersuchung vor Beginn der praktischen Arbeit melden soll, und — nach festgestellter Geeignetheit — bei welchem Truppenteil s. Zt. die Einstellung erfolgen wird.

Die Folgen aus Tatsachen und Handlungen während der praktischen Tätigkeit, die die Tauglichkeit und Geeignetheit des Bewerbers für den Dienst im Reichsheer aufheben, hat er selbst zu tragen. Ein Recht auf Einstellung wird durch die zweijährige praktische Tätigkeit nicht erworben.

Bei der Bewerbung sind vorzulegen:

a) Lebenslauf,

b) Geburtsurkunde (Taufschein genügt nicht),

---

[1]) Reichskriegsministerium.

c) Urkunden zum Nachweis der arischen Abstammung (Heiratsurkunde der Eltern, aus der die Religionsangehörigkeit bis zu den Großeltern ersichtlich ist),[1])
d) das Abgangszeugnis der Schule sowie die Zeugnisse der Arbeitgeber, wenn der Bewerber solche schon besitzt,
e) von Minderjährigen die Einwilligung des gesetzlichen Vertreters zum Eintritt in den Heeresdienst.

Einstellung erfolgt im Herbst j. Js.

Während des ersten Dienstjahres im Heere werden die Anwärter neun Monate im Frontdienst ausgebildet; anschließend leisten sie zwei Monate Dienst in einer Truppenwaffenmeisterei und ein Monat bei einem Zeugamt, einer Mun.-Anstalt oder einem Abnahmekommando.

Nach Beendigung des ersten Dienstjahres werden sie zur Feuerwerkerschule versetzt und gleichzeitig zu Gefreiten befördert.

Die Ausbildung in der Feuerwerkerschule selbst dauert zwei Jahre; sie ist der an einer „Höheren Technischen Lehranstalt" (H. T. L.) gleichgestellt. Der Unterricht wird nach einem Lehrplan erteilt, der von dem einer H. T. L. nur soweit abweicht, als es die militärischen Belange erfordern.

Gegen Ende des ersten Schuljahres ist eine Fachzwischenprüfung abzulegen. Diejenigen Schüler, die diese Prüfung bestehen, werden mit Beginn des Dritten Dienstjahres zu Unteroffizieren befördert; die übrigen treten zur Truppe zurück und scheiden am Ende des zweiten Dienstjahres aus dem Heeresdienst aus.

Am Schluß des zweijährigen Lehrganges findet vor einem Prüfungsausschuß die Abschlußprüfung statt. Mit ihrem Bestehen werden die gleichen Rechte wie bei den staatlichen höheren Maschinenbauschulen (H. T. L.) erworben.

Feuerwerkerschüler werden nach bestandener Abschlußprüfung zum Feuerwerkerunteroffizier ernannt und weiterhin zum Unterfeuerwerker sowie nach Maßgabe freier Planstellen in der Reihenfolge der in der Abschlußprüfung erhaltenen Ordnungsnummern zum Feuerwerker und Oberfeuerwerker befördert.

C. Ausscheiden der Oberfeuerwerker aus dem Reichsheere

Nach 12jähriger Dienstzeit scheiden die Oberfeuerwerker in der Regel aus dem Reichsheere aus, soweit sie nicht inzwischen in die Laufbahn der Offiziere (W) übernommen worden sind oder als Anwärter für die technischen Beamtenstellen des Heeres bis zum Freiwerden einer Beamtenstelle weiterdienen.

---

[1]) Siehe Anlage VI.

Die Ausgeschiedenen können sich um Beamten- und Angestelltenstellen nach Maßgabe der dafür bestehenden Sonderbestimmungen bewerben; sie erhalten zur Erleichterung des Übergangs in das Zivilleben:

1. die einmalige Übergangsbeihilfe von 1500,— RM,
2. laufende Übergangsgebührnisse. Sie betragen für einen Oberfeuerwerker

im 1. Jahre nach dem Ausscheiden	$^{6}/_{8}$	des letzten
im 2. Jahre nach dem Ausscheiden	$^{5}/_{8}$	ruhegeldfähigen
im 3. Jahre nach dem Ausscheiden	$^{4}/_{8}$	Diensteinkommens.

Außerdem wird auf Antrag der Zivildienstschein erteilt, der zur Vormerkung für Beamten- und Angestelltenstellen im öffentlichen Dienst berechtigt.

Falls sie die Tätigkeit im freien Beruf oder in der Industrie, zu der sie durch die Ausbildung als Techniker und die Art ihrer Praxis als Feuerwerker befähigt sind, einer Verwendung als Angestellter oder Beamter im öffentlichen Dienst vorziehen und auf den Zivildienstschein verzichten, erhalten sie:

1. die einmalige Übergangsbeihilfe von 1500,— RM,
2. eine Zulage zu den Übergangsgebührnissen für Verzicht auf den Zivildienstschein von 3000,— RM,
3. die vorstehend genannten Übergangsgebührnisse, die unter besonderen Voraussetzungen (Geschäftskauf usw.) auch als Vorschuß in einer Summe gezahlt werden können.

Gegebenenfalls werden auch Kinderzuschläge und Umzugsentschädigungen gewährt.

D. Übergang zur Laufbahn der Offiziere (W)

Bei der Abschlußprüfung zum Feuerwerker werden die besten Schüler (Zahl nach Bedarf), die die Reifeprüfung einer neunklassigen höheren Lehranstalt abgelegt haben sollen, ausgewählt und zum Offizieranwärter ernannt. Sie werden nach Ableistung einer praktischen Dienstzeit in den verschiedenen für sie in Betracht kommenden Stellen des Heeres zu einem sechsmonatigen Lehrgang zur Vorbereitung auf die Offizierprüfung kommandiert. Diese findet in der Regel nach Ablauf von 1½ bis 2 Jahren nach Verlassen der Feuerwerkerschule statt. Die Beförderung zum Leutnant (W) erfolgt nach Maßgabe freier Planstellen und nach vorausgegangener Verpflichtung zu einer ununterbrochenen Dienstzeit als Offizier von 25 Jahren.

Bei der Beförderung zum Leutnant (W) wird das Rangdienstalter nach den für die Truppenoffiziere geltenden Grundsätzen berechnet. Die von den Offizieren (W) vor dem Diensteintritt zurückgelegte praktische Tätigkeit wird hierbei noch besonders berücksichtigt.

Die Weiterbeförderung erfolgt nach den für die Offiziere der Truppe geltenden Grundsätzen ebenfalls nach Maßgabe freier Stellen.

Im Verlauf der Dienstzeit ist die Zulassung zum Studium an einer Technischen Hochschule möglich (jährlich etwa 2 Offiziere (W).

E. Berufsaussichten

Die Feuerwerkerlaufbahn bietet somit Aussichten für die Zivilversorgung im technischen Beamtendienst nach Beendigung der 12jährigen Dienstverpflichtung. Außerdem ist anzunehmen, daß auch die Privatindustrie die technisch gründlich und vielseitig ausgebildeten Feuerwerker gern aufnehmen wird.

Ein besonderer Vorzug der Feuerwerkerlaufbahn ist, daß sie bei geringen eigenen Kosten günstige Berufsaussichten eröffnet und daß sie auch weniger bemittelten jungen Leuten mit technischer und militärischer Eignung offen steht. Mit dem Eintritt in das Heer hat der junge Mann keinen Zuschuß von zu Hause mehr nötig; die Löhnung reicht zur Befriedigung der dringendsten Bedürfnisse aus. Das technische Fachstudium selbst ist kostenlos· die Nebenkosten können aus den Dienstbezügen bestritten werden.

Bestimmungen für die Einstellung von Anwärtern des gehobenen mittleren, nicht technischen Heeresverwaltungsdienstes — Heeresbeamten-(Einheit-)laufbahn

Das Verfahren für die Einstellung von Anwärtern der Heeresbeamten-(Einheit-)laufbahn im Herbst 1935 ist abgeschlossen. Die nächste Einstellung von Anwärtern erfolgt im Herbst 1936. Das Gesuch für diese Einstellung ist dem Reichskriegsminister zum 1. 4. 36 vorzulegen. Dem Gesuch sind beizuschließen:

a) ein selbstgefertigter und geschriebener Lebenslauf,
b) ein Lichtbild,
c) beglaubigte Abschrift des letzten Schulzeugnisses, gegebenenfalls des Reifezeugnisses, und von Beschäftigungszeugnissen bis zum Zeitpunkt der Bewerbung.

In dem Gesuch sind Angaben darüber zu machen, ob in früheren Jahren bereits ein Gesuch um Einstellung als Offizier- oder Heeresbeamtenanwärter oder in eine sonstige Laufbahn innerhalb der Wehrmacht vorgelegt wurde, unter Mitteilung der Gründe, die eine Einstellung nicht ermöglichten. Ferner ist anzugeben, ob, wann und wo bereits eine psychologische Prüfung bei einer Prüfstelle der Wehrmacht stattgefunden hat.

Die Anwärter für den gehobenen mittleren, nicht technischen Heeresverwaltungsdienst müssen im Besitz mindestens der Primareife einer neunstufigen höheren Lehranstalt (nicht Privatschule) sein.

Bei der großen Zahl von Gesuchen und dem verhältnismäßig geringen Bedarf an Anwärtern haben im allgemeinen nur diejenigen Bewerber Aussicht auf Berücksichtigung, welche in den Hauptfächern Deutsch, Geschichte, Erdkunde und Mathematik gute Noten nachweisen können.

Neben dieser Schulbildung ist für die Einstellung Bedingung: Besitz der deutschen Staatsangehörigkeit, arische Abstammung[1]), nationale Gesinnung, Heeresdiensttauglichkeit und befriedigendes Ergebnis der psychologischen Prüfung.

Verheiratete werden nicht angenommen. Bewerber, die am freiwilligen Arbeitsdienst mit Erfolg teilgenommen haben, werden bevorzugt.

---

[1]) Siehe Anlage VI.

Als Anwärter ausgewählte und bei der heeresärztlichen Untersuchung und psychologischen Prüfung als tauglich bezeichnete Bewerber haben zunächst 1¾ Jahre Frontdienst zu leisten.

Zu Beginn des zweiten Dienstjahres erfolgt Beförderung zum Gefreiten, zu Beginn des dritten Dienstjahres, bei erfolgreichem Verlauf des vorhergehenden Probevierteljahres, zum Unteroffizier.

Die anschließende Verwaltungsdienstausbildung dauert einschließlich des Probevierteljahres 3 Jahre. Am Schluß der Ausbildung wird die Prüfung für den gehobenen mittleren Verwaltungsdienst abgelegt. Bei erfolgreichem Verlauf der Prüfung erfolgt nach Maßgabe des dienstlichen Bedürfnisses die Ernennung zum außerplanmäßigen Zahlmeister.

Bewerber, welche zur Zeit der Einstellung das 19. Lebensjahr noch nicht vollendet haben, werden im allgemeinen nicht angenommen. Gesuche von Bewerbern, welche das 25. Lebensjahr überschritten haben, können nicht mehr berücksichtigt werden.

Anlage XIII

Bestimmungen für die Ernennung zum Offizier des Beurlaubtenstandes

I.

1. Offizier des Beurlaubtenstandes zu sein verpflichtet. Es bedeutet, im Dienst am Vaterland mit an erster Stelle zu stehen. Dieses Vorrecht kann nur in harter Arbeit erworben werden und fordert von den Reserveführern aller Grade eine Fülle von Wissen auf den verschiedensten militärischen Gebieten.
2. Der Weg zum Offizier d. B. steht jedem Wehrfähigen offen, der als Soldat im Heere gedient hat. Für die Ausbildung und den Vorschlag zur Ernennung zum Offizier d. B. sind die militärische Leistung und charakterliche Eignung entscheidend. Der erfolgreiche Abschluß einer höheren Bildungsanstalt ist nicht erforderlich. Die Offizieranwärter d. B. müssen jedoch nach Auffassung, Persönlichkeit und Lebenswandel den an Offiziere zu stellenden Anforderungen entsprechen, geordnete wirtschaftliche Verhältnisse nachweisen und für sich und gegebenenfalls ihre Ehefrau den Nachweis arischer Abstammung erbringen[1]).
3. Vorschläge zur Ernennung von Offizieren d. B. werden von den Wehrkreiskommandos dem Reichskriegsministerium vorgelegt. Dem Vorschlag zur Ernennung zum Offizier d. B. geht eine Offizierwahl voraus. Sie erfolgt durch das Offizierskorps desjenigen Truppenteils, bei dem der Offizieranwärter d. B. die Beförderungsübung zum Offizier (III. Reserve-Übung) abgelegt hat.
4. Die zur Übernahme in das Reserveoffizierkorps vorgeschlagenen Offizieranwärter d. B. müssen sich zur Ableistung von Reserveübungen nach Ernennung zum Reserveoffizier verpflichtet haben.

II.

Das Offizierkorps d. B. ergänzt sich aus:

1. Persönlichkeiten mit guter militärischer Vorbildung, die die Grundausbildung für ihren Beruf bereits abgeschlossen haben und den Lebensunterhalt für sich und gegebenenfalls ihre Familie bestreiten können.

---

[1]) Siehe Anlage VI.

2. Männer im Alter von 25 bis 35 Jahren, die bisher keine militärische Ausbildung erhalten haben, können nach Ableistung der Ausbildungsübungen, falls sie den Bedingungen entsprechen, zum Reserve-Offizier-Anwärter und Gefreiten der Reserve ernannt werden.

   Die weitere Ausbildung erfolgt dann gemäß Ziffer III 2 bis 8.
3. Ehemalige aktive und Reserve-Offiziere der alten und der neuen Wehrmacht, soweit sie den Voraussetzungen entsprechen und ihre Geeignetheit auf Grund geleisteter Übungen feststeht.
4. Ausgeschiedene aktive Offiziere des Reichsheeres, falls vor längerer Zeit verabschiedet, sobald die Geeignetheit nach vierwöchiger Übung nachgewiesen ist.
5. Unteroffiziere, die nach zwölfjähriger Dienstzeit mit und nach dem 1. 4. 35 aus dem Heeresdienst ausgeschieden sind, wenn sie voll geeignet sind.[1])
6. Unteroffiziere, die vor dem 1. 4. 35 nach zwölfjähriger Dienstzeit entlassen, nicht älter als 45 Jahre und voll geeignet sind. Sie müssen dem sie wählenden Offizierskorps durch Ableistung einer Übung bekannt geworden sein.[1])

III.

Übungen und Beförderungen

1. Nach aktiver Dienstzeit von mindestens 1 Jahr Entlassung und Ernennung zum Reserve-Offizieranwärter und zum Gefreiten der Reserve.
2. I. Reserve-Übung: 6 Wochen bei der Truppe. Bei Bewährung Ernennung zum Unteroffizier der Reserve.
3. II. Reserve-Übung: Einberufung im 3. Reserve-Jahr. Dauer der Übung: 4 Wochen bei der Truppe.
   Mit Bestehen der am Schluß zu leistenden praktischen und theoretischen Prüfung: Ernennung zum Feldwebel (Wachtmeister) der Reserve.

---

[1]) Es handelt sich um:

a) aus dem Heere entlassene Versorgungsanwärter, die die Abschlußprüfung I und II mit Erfolg bestanden haben und deren Persönlichkeit darauf schließen läßt, daß sie nach Ablauf der Übergangsjahre als Beamter angestellt werden;

b) aus dem Heere entlassene Versorgungsanwärter, die anstatt des Zivildienstscheines eine Kapitalabfindung erhalten haben, wenn sie die Voraussetzungen erfüllen.

4. III. Reserve-Übung (Offizier-Übung): Einberufung im 4. oder 5. Reserve-Jahr.

Dauer der Übung: 6 Wochen, die ersten 3 Wochen in besonderem Lehrgang auf einem Übungsplatz.

Auf Grund des Urteils beim besonderen Lehrgang, der abschließenden entscheidenden Beurteilung des Truppenteils und der erfolgten Offizier-Wahl kann bei Eignung Vorschlag zur Ernennung zum Leutnant der Reserve erfolgen. Die Vorzuschlagenden müssen sich verpflichtet haben, innerhalb von 4 Jahren, in Ausnahmefällen innerhalb von 6 Jahren, nach Ernennung zum Reserve-Offizier 2 weitere Übungen von zusammen 10 Wochen abzuleisten.

5. Mit Genehmigung der Wehrkreiskommandos kann die II. und III. Übung auch unmittelbar hintereinander abgeleistet werden.

6. Einmalige Wiederholung der Übungen I, II und III ist mit Genehmigung der Wehrkreiskommandos zulässig.

7. Der Reserve-Offizieranwärter leistet in der Regel die drei Reserve-Übungen bei seinem Stammtruppenteil ab, d. h. bei dem Truppenteil, bei welchem er aktiv gedient hat. Läßt sich jedoch ein künftiger dauernder Wohnsitz voraussehen, so sind die Übungen im Hinblick auf die spätere endgültige Zuteilung als Reserve-Offizier bei einem dem künftigen dauernden Wohnsitz nahegelegenen Truppenteil abzuleisten. Nach der I. Übung ist ein Wechsel des Truppenteils nicht mehr zulässig.

8. Bei dem Truppenteil, bei dem die drei Reserve-Übungen abgeleistet werden, erfolgt die Wahl und der Vorschlag zur Ernennung zum Reserve-Offizier. Der Vorschlag ist dem vorgesetzten Wehrkreiskommando vorzulegen, das bei Weitergabe zugleich den Truppenteil vorschlägt, zu dessen Reserve der Vorgeschlagene gestellt werden soll.

9. Die Beförderung zum Oberleutnant oder Hauptmann der Reserve oder der Landwehr der unter II 1 bis 2 Genannten ist von dem Bestehen einer besonderen Beförderungsübung abhängig. Die Einberufung zu dieser Übung kann frühestens 1 Jahr, nachdem die aktiven Offiziere mit gleichem Patent befördert worden sind, erfolgen. Bei den unter II 3 bis 6 Genannten ist ein Vorschlag zur Ernennung zum Oberleutnant der Reserve vor Vollendung des 30. Lebensjahres, zum Oberleutnant der Landwehr vor Vollendung des 35. Lebensjahres, zum Hauptmann der Reserve oder der Landwehr vor Voll-

endung des 40. Lebensjahres nicht möglich, wenn der Vorgeschlagene nicht bereits einen höheren Dienstgrad erreicht hat. Beförderungsübungen können von diesen Offizieren frühestens so abgeleistet werden, daß sie für eine Beförderung nur in den angegebenen Lebensaltersgrenzen in Frage kommen.[1])

IV.

1. Das Offizierkorps d. B. gliedert sich in das Reserveoffizierkorps und das Landwehroffizierkorps.
2. Der Reserveoffizier verbleibt im Reserveverhältnis, solange er zur Ableistung von Übungen bereit ist und seine Geeignetheit zur Verwendung im Reserveverhältnis feststeht. Entspricht der Reserveoffizier diesen Bedingungen nicht mehr, so wird er in das Landwehrverhältnis überführt. Das zuständige Wehrkreiskommando verfügt die Versetzung zur Landwehr, die frühestens nach Vollendung des 35. Lebensjahres möglich ist.

---

[1]) Anträge sind schriftlich an das für den Wohnort des Bewerbers zuständige Wehrbezirkskommando zu richten (vgl. Wehrbezirkseinteilung im RGBl. 1935 Teil I, S. 652—680).

Vorschlagsliste

zur Ernennung bzw. Beförderung zum

Offizier des Beurlaubtenstandes

für

....

Name

....

jetziger Dienstgrad

....

Datum Unterschrift

Name	Vorname (Rufname)	geboren	Religion	Familienstand	Derzeitiger Stand oder Beruf

Hat Reserveübungen I, II, III erfolgreich abgelegt bzw. Geeignetheit zum Offizier des Beurlaubtenstandes bewiesen Wann? Bei welchem Truppenteil?	Offizierwahl hat stattgefunden? Wann? Bei welchem Truppenteil?	Geeignet zum: Leutnant d. R. Oberleutnant d. R. Hauptmann d. R. Leutnant d. L. Oberleutnant d. L. Hauptmann d. L.

Arische Abstammung ist erbracht für		Nachweis (in Verbindung mit dem zuständ. Kommandeur des Wehrbezirkskommandos) über geordnete wirtschaftliche und persönliche Verhältnisse	Nachweis der militärischen Dienstlaufbahn mit Daten	Ergebnis der heeresärztlichen Untersuchung
Bewerber	Ehefrau			

Hat sich zur Ableistung von Reserveübungen verpflichtet	Bei welchem Truppenteil soll Anstellung als Reserveoffizier erfolgen?	Bei welchem Wehrbezirkskommando soll Zuteilung als Landwehroffizier erfolgen?	Bemerkungen

Sachregister.

(Die Zahlen bedeuten die Seiten)

A.

B.

D.

E.

F.

N.

O.

P.

R.

S.

Sch.

St.

W.

FSC
www.fsc.org
MIX
Papier | Fördert
gute Waldnutzung
FSC® C083411

Kolibri 360 GmbH
Ferdinand-Jühlke-Straße 7
99095 Erfurt, Deutschland
produktsicherheit@kolibri360.de